essentials

essentials plus online course

Essentials liefern aktuelles Wissen in konzentrierter Form. Die Essenz dessen, worauf es als „State-of-the-Art" in der gegenwärtigen Fachdiskussion oder in der Praxis ankommt. In Ergänzung zum Buchprojekt gibt es einen hochwertigen Online-Kurs auf iversity. *Essentials* informieren schnell, unkompliziert und verständlich

- als Einführung in ein aktuelles Thema aus Ihrem Fachgebiet
- als Einstieg in ein für Sie noch unbekanntes Themenfeld
- als Einblick, um zum Thema mitreden zu können

Die Bücher in elektronischer und gedruckter Form bringen das Fachwissen von Springerautor*innen kompakt zur Darstellung. Sie sind besonders für die Nutzung als eBook auf Tablet-PCs, eBook-Readern und Smartphones geeignet. *Essentials* sind Wissensbausteine aus den Wirtschafts-, Sozial- und Geisteswissenschaften, aus Technik und Naturwissenschaften sowie aus Medizin, Psychologie und Gesundheitsberufen. Von renommierten Autor*innen aller Springer-Verlagsmarken.

Julian Knorr

Erfolgsfaktor Digital Mindset

Impulse und Strategien für die digitale Transformation im Unternehmen

Springer Gabler

Julian Knorr
Nürnberg, Bayern, Deutschland

Dieses Buch basiert auf dem Online-Kurs *Digitales Mindset und Zukunftschancen* des Autors Julian Knorr und wurde mit Unterstützung modernster Transkriptionssoftware erstellt.

ISSN 2197-6708 ISSN 2197-6716 (electronic)
essentials
ISSN 2731-8028 ISSN 2731-8036 (electronic)
essentials plus online course
ISBN 978-3-658-45978-9 ISBN 978-3-658-45979-6 (eBook)
https://doi.org/10.1007/978-3-658-45979-6

Die Deutsche Nationalbibliothek verzeichnet diese Publikation in der Deutschen Nationalbibliografie; detaillierte bibliografische Daten sind im Internet über https://portal.dnb.de abrufbar.

© Der/die Herausgeber bzw. der/die Autor(en), exklusiv lizenziert an Springer Fachmedien Wiesbaden GmbH, ein Teil von Springer Nature 2024

Das Werk einschließlich aller seiner Teile ist urheberrechtlich geschützt. Jede Verwertung, die nicht ausdrücklich vom Urheberrechtsgesetz zugelassen ist, bedarf der vorherigen Zustimmung des Verlags. Das gilt insbesondere für Vervielfältigungen, Bearbeitungen, Übersetzungen, Mikroverfilmungen und die Einspeicherung und Verarbeitung in elektronischen Systemen.
Die Wiedergabe von allgemein beschreibenden Bezeichnungen, Marken, Unternehmensnamen etc. in diesem Werk bedeutet nicht, dass diese frei durch jede Person benutzt werden dürfen. Die Berechtigung zur Benutzung unterliegt, auch ohne gesonderten Hinweis hierzu, den Regeln des Markenrechts. Die Rechte des/der jeweiligen Zeicheninhaber*in sind zu beachten.
Der Verlag, die Autor*innen und die Herausgeber*innen gehen davon aus, dass die Angaben und Informationen in diesem Werk zum Zeitpunkt der Veröffentlichung vollständig und korrekt sind. Weder der Verlag noch die Autor*innen oder die Herausgeber*innen übernehmen, ausdrücklich oder implizit, Gewähr für den Inhalt des Werkes, etwaige Fehler oder Äußerungen. Der Verlag bleibt im Hinblick auf geografische Zuordnungen und Gebietsbezeichnungen in veröffentlichten Karten und Institutionsadressen neutral.

Planung/Lektorat: Maximilian David
Springer Gabler ist ein Imprint der eingetragenen Gesellschaft Springer Fachmedien Wiesbaden GmbH und ist ein Teil von Springer Nature.
Die Anschrift der Gesellschaft ist: Abraham-Lincoln-Str. 46, 65189 Wiesbaden, Germany

Wenn Sie dieses Produkt entsorgen, geben Sie das Papier bitte zum Recycling.

Was Sie in diesem *essential* finden können

- Einblick in die Bedeutung des Digitalen Mindsets – aus der Wissenschaft und aus der Praxis
- Überblick, was ein Digitales Mindset ist
- Handlungsimpulse zur Entwicklung des Digitalen Mindsets
- Praxisbeispiele von Mindset Entwicklungen in Unternehmen

Vorwort

Herzlich willkommen zur Expedition in die Welt des Digitalen Mindsets und der daraus resultierenden Chancen für Unternehmen.

Das Buch gibt einen Einblick in die Hintergründe des Digitalen Mindsets, die verschiedenen Dimensionen und die Bedeutung des Themas für die Zukunft – für Unternehmen, aber auch für Mitarbeitende.

Bevor wir starten, möchte ich mich kurz vorstellen, einige Informationen zu meiner Person teilen und erläutern, wie mein erster Berührungspunkt mit dem Digitalen Mindset aussah.

Mein Name ist Julian Knorr, ich komme aus Nürnberg und bin der Gründer von ONESTOPTRANSFORMATION. Wir spezialisieren uns auf die Analyse und Entwicklung des Digitalen Mindsets bei Kunden aus dem Mittelstand, größeren Organisationen und Konzernen.

Durch mein BWL-Studium und Jobs im Produktmanagement war ich stets an der Schnittstelle zwischen Produktentwicklung, Produktmanagement, Geschäftsmodellen und auf der anderen Seite HR und vor allem Change-Management tätig.

Diese Expertise wollte ich dann im Bereich der Strategieberatung einsetzen und hatte mit einigen großen Beratungsunternehmen Jobinterviews. In diesem Jobinterviews wurde ich immer auf meine Zertifikate und fachlichen Qualifikationen reduziert und der Fokus lag nie auf den für mich entscheidenden Faktoren in meiner bisherigen Karriere: Wie bin ich mit Veränderungen in der digitalen Welt umgegangen? Wie bin ich mit Niederlagen oder Momenten des Scheiterns umgegangen? Wie sehr habe ich neue Technologien in meinem Arbeitsalltag integriert?

Dieses Fehlen hat mich nicht nur zum Nachdenken über meinen nächsten Karriereschritt gebracht, sondern hat ein Feuer in mir entfacht. Ich wollte verstehen, wie man die für mich schwierig zu greifenden Erfolgsfaktoren konkret definieren und messbar machen kann, um dann in Unternehmen bessere datenbasierte

Entscheidungen zu treffen. Aus diesem Feuer ist Anfang 2018 die Gründung von ONESTOPTRANSFORMATION entstanden. Seit der Gründung beschäftige ich mich intensiv mit dem Thema Digitales Mindset – sowohl aus einer praktischen als auch aus einer Forschungsperspektive.

Unsere Arbeit im Start-up war von Anfang an sehr wissenschaftlich getrieben. Wir wollten verstehen, was hinter dem Digitalen Mindset steckt, ob es erfolgskritisch ist und wenn ja, welche Auswirkungen es hat und warum es erfolgskritisch ist. Das Buch fasst alle diese Erfahrungen praxisnah und kompakt für die Anwendung im Alltag zusammen: Welche Chancen ergeben sich aus dem Digitalen Mindset? Wie wird sich die Zukunft verändern und wie müssen wir unser Mindset darauf ausrichten?

Um das Thema Digitales Mindset greifbar zu machen, werde ich während des Buches immer wieder auf Praxisbeispiele eingehen – sowohl aus meiner eigenen Erfahrung als auch von Kunden, mit denen wir zusammengearbeitet haben. So wird das Digitale Mindset kein bloßes Buzzword bleiben, sondern wirklich greifbar.

Und nun viel Spaß beim Lesen!

Julian Knorr

Zum Inhalt

Bevor wir inhaltlich starten, möchte ich kurz die Struktur des Buches erläutern, um zu verstehen, wann welche Inhalte behandelt werden. Im folgenden Kapitel, wird es eine Einführung in die Digitalisierung geben. Es wird geklärt, was Digitalisierung bedeutet, was hinter dem Begriff „Digitale Transformation" steckt und warum das relevant ist. Im zweiten Kapitel wird es um die Treiber der Digitalisierung gehen und es wird untersucht, was diesen Megatrend antreibt und welche Zukunftschancen sich daraus ergeben.

Im dritten Kapitel wird es intensiver um das Thema „Digitale Transformation" gehen und die vier Bereiche der Transformation. Üblicherweise wird über drei Bereiche der digitalen Transformation gesprochen, aber im Buch werden bewusst vier Bereiche behandelt und es wird geklärt, warum der vierte Bereich entscheidend für die Zukunft ist.

Im vierten Kapitel geht es dann ganz konkret um das Thema „Mindset" und „Digitales Mindset". Es wird geklärt, was ein „Digitales Mindset" bedeutet, was „Mindset" überhaupt ist und was „Digital" damit zu tun hat. Im letzten Kapitel werden die verschiedenen Dimensionen des Digitalen Mindsets betrachtet, die Korrelation mit den digitalen Typen und vor allem, wie man das eigene Digitale Mindset für die Zukunft entwickeln kann.

ONLINE-KURS ZUM BUCH

Als Nutzer*in dieses Buches haben Sie kostenlos Zugriff auf einen Online-Kurs, der das Buch optimal ergänzt und für Sie wertvolle digitale Materialien bereithält. Zugang zu diesem Online-Kurs auf einer Springer Nature-eigenen eLearning-Plattform erhalten Sie über einen Link im Buch. Dieser Kurs-Link befindet sich innerhalb der ersten Kapitel. Sollte der Link fehlen oder nicht funktionieren, senden Sie uns bitte eine E-Mail mit dem Betreff „Book+Course" und dem Buchtitel an customerservice@springernature.com.

Online-Kurse bieten Ihnen viele Vorteile!

- Sie lernen online jederzeit und überall
- Mit interaktiven Materialien wie Quizzen oder Aufgaben überprüfen Sie kontinuierlich Ihren Lernfortschritt
- Die Videoeinheiten sind einprägsam und kurzgehalten
- Tipps & Tricks helfen Ihnen bei der praktischen Umsetzung der Lerninhalte
- Ihr Zertifikat erhalten Sie optional nach erfolgreichem Abschluss

MOREMEDIA ▶

Inhaltsverzeichnis

1	**Einführung in die Digitalisierung und digitale Transformation**......	1
	1.1 Warum befinden wir uns in einer Transformation?..............	1
	1.2 Was ist Digitalisierung überhaupt?	5
	1.3 Auswirkungen von Digitalisierung auf Unternehmen............	6
	1.4 Erfolgsgeschichten aus der digitalen Transformation	10
	1.5 Zusammenfassung Kap. 1	12
2	**Treiber der Digitalisierung**.....................................	15
	2.1 Treiber der Digitalisierung und die Auswirkungen	15
	2.2 Welche Skills sind für eine erfolgreiche digitale Transformation erforderlich?...............................	18
	2.3 Zusammenfassung Kap. 2	19
3	**Die vier Bereiche der digitalen Transformation**...................	21
	3.1 Die vier Bereiche der digitalen Transformation: Technologie, Prozess, Geschäftsmodell und Mindset.......................	21
	3.2 Ausgangssituation für digitale Transformation	23
	3.3 Herausforderungen und Wichtigkeit des Digitalen Mindset.......	25
	3.4 Zusammenfassung Kap. 3	28
4	**Was ist das Digitale Mindset?**	29
	4.1 Einführung in das Digitale Mindset.........................	29
	4.2 Digital und Mindset – wie gehört das zusammen?	30
	4.3 Zusammenfassung Kap. 4	31
5	**Dimensionen und Typen des Digitalen Mindsets**	33
	5.1 Überblick über die sechs Dimensionen des Digitalen Mindsets....	33
	5.2 Details der sechs Dimensionen des Digitalen Mindsets	37

5.3	Die Digitalen Typen	40
5.4	Entwicklung des Digitalen Mindsets	41
5.5	Zusammenfassung Kap. 5	43

Was Sie aus diesem *essential* mitnehmen können 45

Literatur 47

Über den Autor

Julian Knorr ist Gründer und CEO der ONESTOPTRANSFORMATION AG. Gemeinsam mit seinem Team unterstützt er Unternehmen bei der Analyse und Entwicklung des Digitalen Mindset. Hierfür hat ONESTOPTRANSFORMATION eine einzigartige Plattform entwickelt: Mit der KI-basierten Mindset Navigator Plattform entwickeln Mitarbeiter*innen die überlebensnotwendigen Zukunftskompetenzen, Unternehmen erhöhen die Bindung der Mitarbeiter*innen und werden attraktiv für neue Talente. Zu den Kunden gehören KMUs (z. B. Sparkasse) bis hin zu Großkonzernen, wie z. B. Lufthansa. Zudem ist Julian Knorr Dozent an der Frankfurt School of Finance für Digitales Mindset und digitale Transformation.

Mehr unter www.onestoptransformation.com

Einführung in die Digitalisierung und digitale Transformation 1

> **Wie der Online-Kurs das Buch bereichert**
> Als Leser*in dieses Buches können Sie kostenfrei auf den zugehörigen Online-Kurs zugreifen. Nutzen Sie dazu nachfolgenden Link (sn.pub/d1asdb). Der Kurs ergänzt dieses Buch inhaltlich und liefert zudem Hilfestellungen für die erfolgreiche Umsetzung in den Alltag.

1.1 Warum befinden wir uns in einer Transformation?

Warum ist Digitalisierung gerade so allgegenwärtig? Die Digitalisierung treibt den aktuellen Wandel voran, was während der Coronapandemie besonders deutlich wurde: Von einem Tag auf den anderen hat sich unsere Lebens- und Arbeitsweise sowie unsere sozialen Interaktionen völlig verändert. Doch dieser Wandel in die digitale Welt, in der wir mehr digital kollaborieren und mit Kollegen kommunizieren, wurde nicht erst durch Corona ausgelöst. Dieser Wandel ist schon viel länger im Gange, denn unsere Welt verändert sich ständig. Ein gewisses Maß an Unsicherheit war schon immer da, heutzutage ist jedoch die Komplexität so hoch, dass wir uns manchmal verloren fühlen.

Wir befinden uns mitten in einer Multitransformation und die Digitalisierung ist ein großer Treiber der Beschleunigung. Mit Digitalisierung ist die fortschreitende technologische Entwicklung von digitalen Endgeräten und digitalen Prozessen, aber auch digitalen Geschäftsmodellen gemeint. Es ist wichtig, sich klarzumachen, dass es schon immer Wandel gab, natürlich auch schon vor der

Digitalisierung. Aber der Wandel beschleunigt sich zurzeit sehr stark durch neue digitale Möglichkeiten.

Allein das Smartphone, das vielleicht gerade auf Ihrem Schreibtisch liegt, hat mit hoher Wahrscheinlichkeit mehr Rechenleistung als der Computer, der die Apollo 11 auf den Mond geschickt hat. Das bedeutet, dass wir innerhalb weniger Jahrzehnte die Rechenleistung so stark erhöhen konnten, dass wir nun eine Rechenleistung, die einst für die Mondlandung ausreichte, in unserer Hosentasche mit uns herumtragen.

Und um noch etwas besser zu veranschaulichen, warum sich die Dinge gerade so schnell verändern und welche Auswirkungen das hat, würde ich gerne mit Ihnen auf die magische 50-Millionen-Grenze schauen. Also den Zeitpunkt, ab dem 50 Mio. Nutzer eines Produkts oder eines Dienstes weltweit erreicht wurden. Beginnen wir mit etwas, das wir alle gut kennen und in dem wir in Deutschland eine große Tradition haben, dem Flugzeug. Nach der Erfindung der Technologie dauerte es sage und schreibe 68 Jahre, bis 50 Mio. Menschen eine Flugreise absolviert hatten.

Auch beim Automobil dauerte es noch über ein halbes Jahrhundert, stattliche 62 Jahre, bis diese 50-Millionen-Grenze erreichen war. Beim Telefon dauerte es „nur" noch 50 Jahre. Sie sehen hier schon, worauf ich hinauswill: Die Zeitspanne nimmt immer weiter ab. Jetzt kommt der erste wirklich große Sprung, nämlich der Computer. Der Computer brauchte von der Erfindung bis zum Durchbrechen der 50-Mio.-Grenze gerade noch 14 Jahre. Beim Mobiltelefon waren es dann sogar nur noch 12 Jahre. Und jetzt möchte ich Ihnen eine kurze Frage stellen, über die ich Sie bitte, einfach mal zwei, drei Sekunden nachzudenken und erst dann weiterzulesen. Wie lange, glauben Sie, hat es gedauert, bis das Spiel Pokémon Go, ein Smartphone-Spiel, 50 Mio. Nutzer erreicht hat? Bevor ich es auflöse, ist es interessant zu bemerken, dass Pokémon Go im Vergleich zu den anderen Produkten das erste Mal ein Software-Produkt in dieser Reihe ist. Das bedeutet, wir bewegen uns von der Hardware-Welt in die Software-Welt. Die Antwort: 19 Tage. Dieser sprunghafte Verlauf im Erreichen von 50 Mio. Nutzern zeigt die starke Beschleunigung der technologischen und digitalen Entwicklung, und die unglaubliche Geschwindigkeit, mit der wir gerade unterwegs sind (vgl. Abb. 1.1.).

Diese rasante Beschleunigung macht die Digitalisierung für uns auch so schwer greifbar, weil wir es nicht gewohnt sind, in solchen Entwicklungssprüngen zu denken. Denn, wir als Menschen sind ein lineares Denken gewohnt. Das bedeutet, dass wir aus der Vergangenheit Ableitungen treffen und diese Ableitungen dann linear in die Zukunft extrapolieren. Das kann man sich, wie eine gerade Linie aus der Vergangenheit in die Zukunft vorstellen. Mathematisch gesprochen bedeutet die lineare Entwicklung eine regulär aufsteigende Zahlenreihe 1,2,3,4,5,6,7, etc.

1.1 Warum befinden wir uns in einer Transformation?

Die magische 50 Millionen Grenze...

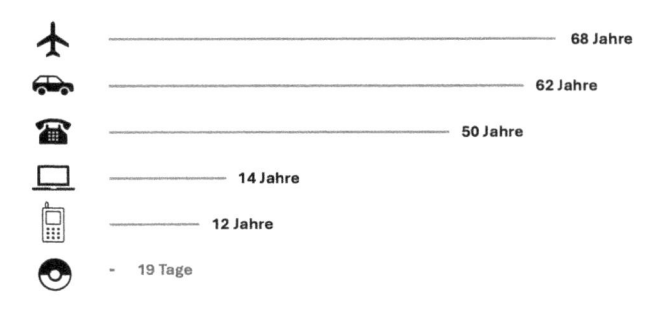

- ✈ 68 Jahre
- 🚗 62 Jahre
- ☎ 50 Jahre
- 💻 14 Jahre
- 📱 12 Jahre
- ⊙ 19 Tage

Quelle: Visual Capitalist. Link: https://blog.wiwo.de/look-at-it/2018/06/14/zeit-bis-zum-erreichen-von-50-millionen-nutzern-auto-62-jahre-pokemon-go-19-tage/

Abb. 1.1 Technologische Entwicklungsgeschwindigkeit

Doch neben der linearen Entwicklung gibt es eine weitere Entwicklungsart, die die Digitalisierung deutlich besser abbildet: Die exponentielle Entwicklung (vgl. Abb. 1.2).

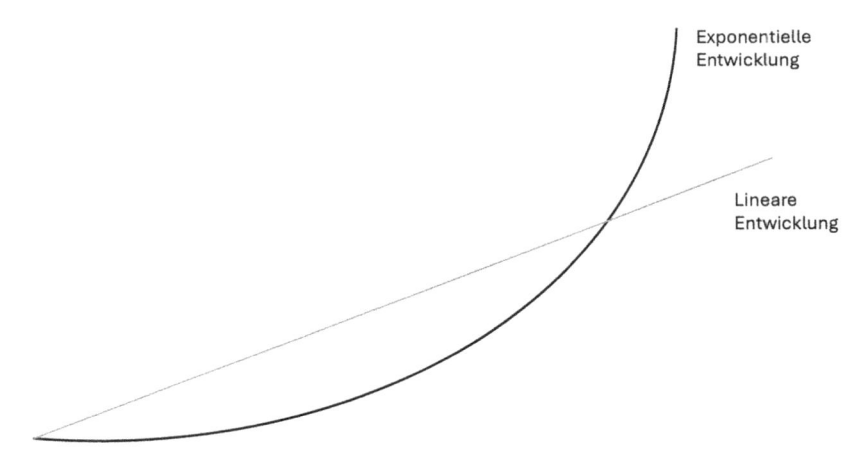

Abb. 1.2 Lineare vs. Exponentielle Entwicklung

Hierbei wird keine geradlinige Strecke zurückgelegt und zwei Punkte auf dem kürzesten Weg miteinander verbunden, sondern je länger die Zeit dauert, desto steiler wird der Anstieg der Linie bzw. der Kurve. Und genau das passiert auch mit der Technologie.

Dahinter steht das sogenannte Moore'sche Gesetz, das vereinfacht besagt, dass sich die Speicherkapazität auf einem Chip ca. alle ein bis zwei Jahre etwa verdoppelt (es handelt sich hier nicht um ein Naturgesetz, sondern um eine Faustregel, die die Realität sehr gut abbildet). Was bedeutet das in Zahlen? Ein kurzes Experiment: Statt 1, 2, 3, 4, 5, 6, 7 sieht die Zahlenreihe dann wie folgt aus 1, 2, 4, 8, 16, 32, 64. Das bedeutet, hier haben wir eine extreme Beschleunigung der Entwicklungsgeschwindigkeit, was sich dann eben darin widerspiegelt, dass sich Technologie so schnell entwickelt, dass immer größere und schwierigere Rechenoperationen und damit Anwendungen auf haushaltüblichen Geräten funktionieren. Dies ist auch dafür verantwortlich, dass Ihr Smartphone heute über eine deutlich höhere Rechenleistung verfügt, als der Computer damals für die Apollo 11.

Das führt zu einer rasanten Entwicklung der digitalen Technologien, die gerade die Digitalisierung und somit unseren allgemeinen Wandel vorantreibt. Denken Sie mal darüber nach: Videokonferenzen, die wir heute als ganz normal ansehen, waren vor zwanzig Jahren noch absolutes Hightech und nicht Teil des Alltags. Heutzutage ist das Smartphone nicht mehr aus dem Alltag – sowohl privat als auch beruflich – wegzudenken. Hier sehen wir eine weltweite Durchdringung einer technologischen Entwicklung in allen Bereichen des Lebens. Und das in kürzester Zeit. 2007 hat Steve Jobs erst das erste iPhone vorgestellt und damit dem gesamten Smartphone Markt zum nachhaltigen Durchbruch verholfen.

Nun bitte ich Sie, 10 Jahre in die Vergangenheit zu blicken und zu überlegen, wie Ihr privater, aber auch beruflicher Alltag damals aussah.

Der Unterschied ist wahrscheinlich enorm: Videokonferenzen, digitale Lohnzettel, mobile Devices, Social Media, Social Intranet und so weiter. Doch diese Veränderungen in den letzten 10 Jahren sind im Vergleich zu den in den kommenden 10 Jahren gering. Denn die Entwicklungsgeschwindigkeit nimmt zu und damit auch die Veränderung des Alltags in den nächsten 10 Jahren. Versuchen Sie nun einfach mal in die Zukunft zu blicken und sich zu überlegen, was sich in den nächsten 10 Jahren verändern wird.

1.2 Was ist Digitalisierung überhaupt?

Aber was ist jetzt eigentlich Digitalisierung? Dieses Wort wird immer wieder und in vielen verschiedenen Kontexten verwendet und oft hat man das Gefühl, dass der Begriff schwammig und nicht konkret definiert wird. Denn, was ebenfalls feststeht: Es gibt keine allgemeingültige Übersetzung, die Sie im Duden nachschlagen können und Ihnen darüber Aufklärung leistet, was „Digitalisierung" ist. Deshalb möchte ich hier ein wenig Licht ins Dunkel bringen. Ich hatte bereits erwähnt, dass die Digitalisierung der Treiber des aktuellen Wandels ist, durch die Nutzung aktueller digitaler Technologien. Wenn wir jetzt noch einen Blick auf die englische Sprache werfen, können wir das Ganze noch etwas weiter definieren.

▶ Digitalisierung bedeutet die Verwendung von Daten und algorithmischen Systemen für neue oder verbesserte Prozesse, Produkte und Geschäftsmodelle. (Bundesministerium für Wirtschaft und Klimaschutz o. J.)

Denn in der englischen Sprache gibt es drei Wörter für Digitalisierung.
Das erste Wort ist *Digitization*. Mit *Digitization* ist gemeint, dass wir analoge Informationen in digitale Informationen umwandeln. Das bedeutet, dass wir aus Papier digitale Dokumente machen. Das ist das, woran viele Menschen sofort denken, wenn sie an Digitalisierung denken. Weg mit dem Papier, hin zu digitalen Dokumenten. Aber das ist nur der erste Schritt. Der zweite Schritt ist das, was im Englischen *Digitalization* genannt wird: Die Umwandlung von analogen Prozessen in digitale Prozesse. Stellen Sie sich nur vor, Sie brauchen die Unterschrift eines Kollegen oder einer Kollegin, um ein Projekt in Ihrem Unternehmen freizugeben. Bisher mussten Sie dafür ein Formular ausdrucken, es ihm vorbeibringen, er hat dieses Formular unterschrieben und mit diesem Formular konnten Sie dann zu Ihrem Vorgesetzten gehen und das Projekt war freigegeben. Wenn Sie diesen Prozess digitalisieren, können in Zukunft alle Beteiligten bequem und in Echtzeit vom eigenen digitalen Endgerät aus unterschreiben. Durch diese Digitalisierung des Prozesses ergeben sich enorme Geschwindigkeitsvorteile. Die Umwandlung von analogen Prozessen in digitale Prozesse wird also *Digitalization* genannt und ist die zweite Stufe.

Aber Vorsicht, denn nicht jeder Prozess sollte eins zu eins in die digitale Welt überführt werden. Denn, wenn der Prozess zuvor schon umständlich war, wird er auch in der digitalen Welt umständlich sein.

Die Digitalisierung der Prozesse gibt uns also auch die Möglichkeit, Prozesse neu zu denken, zu verschlanken und ganz anders zu gestalten. Der dritte Schritt der Digitalisierung ist das, was im Englischen *Digital Transformation* genannt wird oder mittlerweile auch im Deutschen immer häufiger Digitale Transformation. Damit ist gemeint, dass nicht nur Prozesse neu gedacht werden oder Dokumente vom Analogen in die digitale Welt gehoben werden, sondern, dass ganze Geschäftsmodelle neu gedacht werden.

Ein prominentes Beispiel, das Sie sicherlich auch kennen, ist Amazon im Bereich des E-Commerce. Ein Einzelhändler, der seine Waren nicht mehr über ein normales Geschäft verkauft, sondern über einen E-Commerce-Shop und dazu noch eine Plattform anbietet, auf der andere Händler ihre Waren ebenfalls anbieten können. Das bedeutet, das Plattform-Geschäftsmodell von Amazon ist erst durch die Digitalisierung und digitale Transformation möglich geworden. Dadurch hat sich der Kern der Wertschöpfung geändert. Somit ist mit digitaler Transformation eben die Veränderung von bestehenden Geschäftsmodellen gemeint.

1.3 Auswirkungen von Digitalisierung auf Unternehmen

Welche Auswirkungen hat die Digitalisierung nun auf Unternehmen? Warum ist dieser aktuelle Wandel durch die Digitalisierung für Unternehmen so enorm einschneidend und vor allem auch so allgegenwärtig? Nun, die Digitalisierung verändert, wie bereits gesagt, ganze Geschäftsmodelle, wodurch sich wiederum ganze Märkte verändern. Ein gutes Beispiel dafür ist die Entwicklung der Fortune 500 Unternehmen, also der 500 umsatzstärksten US-amerikanischen Unternehmen. Vor etwa 50 Jahren betrug die durchschnittliche Lebensdauer dieser Unternehmen 38 Jahre (1978). Das bedeutet, die Unternehmen waren im Durchschnitt 38 Jahre in diesem Kreis der Fortune 500 Unternehmen. Man konnte also davon ausgehen, dass man eine lange Zeit der List bleiben würde, wenn man eine gewisse Größe erreicht und es einmal in diesen elitären Kreis geschafft hatte. Mittlerweile ist diese Zahl dramatisch abgesunken und wird nach Vorhersagen im Jahr 2026 ein Allzeit-Tief mit 14 Jahren Lebensdauer erreichen (Perry 2021). Das zeigt, wie stark der Innovationsdruck zugenommen hat, wie viele neue Akteure auf den Markt gekommen sind und damit natürlich auch immer schneller Unternehmen wieder verwinden. Für Unternehmen bedeutet das, sie müssen sich ständig verändern und mit neuen Entwicklungen Schritt halten, um nicht abgehängt zu werden und relevant zu bleiben. Konkreter: Unternehmen müssen die Chancen nutzen, die die Digitalisierung bietet. Eine zweite Zahl aus der genannten Studie zeigt die enorme Geschwindigkeit der Veränderung deutlich. Von 2016 bis 2026 werden etwa die Hälfte der Fortune 500 Unternehmen aus der Liste verschwunden sein (ebd.). Das bedeutet, bis zum Jahr 2026 wird einfach die Hälfte der 2016 noch größten US-amerikanischen Unternehmen ausgetauscht und durch neue Marktteilnehmer ersetzt sein. Das ist eine unglaubliche Geschwindigkeit, die wir hier sehen, und natürlich bedeutet das für große etablierte Unternehmen, aber auch für den klassischen Mittelständler in Deutschland, dass Veränderungen für das Überleben und einen langfristigen Erfolg unumgänglich sind.

Praxis-Beispiele digitaler Transformation
Ich habe Ihnen jetzt eine Geschichte mitgebracht, die Sie wahrscheinlich bereits kennen, aber vielleicht nicht den ein oder anderen Hintergrund. Denken Sie bitte mal an die ersten Mobiltelefone, die Sie hatten, zurück. War da zufällig ein Nokia dabei? Die Wahrscheinlichkeit ist relativ hoch, aufgrund des enormen Marktanteils von Nokia vor einigen Jahren.

Ich möchte jetzt gerne mit Ihnen eine Zeitreise unternehmen, eine Zeitreise zurück in das Jahr 2007. Im Jahr 2007 ist im Januar etwas sehr Einschneidendes für unser aller Leben passiert, nämlich die Keynote von Apple, bei der Steve Jobs, der ehemalige CEO von Apple, auf die Bühne kam und das iPhone vorstellte. Es war das allererste iPhone und das erste Telefon, das Apple bis dato vorgestellt hatte. Steve Jobs hat diese Neuerung mit sehr großen Worten angekündigt: „Heute wird Apple das Telefon neu erfinden!" Das iPhone schuf eine völlig neue Produktkategorie. Es hatte keine Tasten, sondern einen Touchscreen und das Gerät war deutlich größer als bestehende Mobiltelefone damals, z. B. auch deutlich größer als die existierenden Nokia-Geräte. Zum Ende des Jahres 2007 konnte man, wenn man sich die Verkaufszahlen ansah, noch Zweifel haben, ob Apple sich mit dem neuartigen Mobiltelefon tatsächlich durchsetzen würde: Im Jahr 2007 hatte das Unternehmen gerade einmal 1,39 Mio. iPhones weltweit verkauft, während der damalige Branchenprimus, Nokia, seinen lang ersehnten Meilenstein von 40 % Marktanteil endlich erreicht hatte und mehr als das Hundertfache, nämlich knapp 140 Mio. Telefone, verkauft hatte. Im Juni 2007 hatte zu allem Überfluss der damalige Microsoft-Chef Steve Ballmer (und damit der direkte Gegenspieler von Apple auf dem Computermarkt) in einem mittlerweile berühmten Interview sehr selbstgefällig und fast schon arrogant gesagt, dass Apple außer der Marke eigentlich nichts zu bieten hat, was andere Anbieter nicht auch zu bieten haben. Daher garantiert er, dass sich das iPhone nicht besonders gut verkaufen wird und sich nicht durchsetzen wird. Nun, am Ende des Jahres 2007 muss man sagen, hatte Steve Ballmer noch recht. Wenn wir jetzt aber mal ein bisschen nach vorne spulen, nämlich in den Dezember 2018, schaut die Welt komplett anders aus: 2018 hatte Nokia plötzlich nicht mehr 40 % Marktanteil, sondern nur noch 3,5 % und 1,6 Mio. Telefone weltweit verkauft. Auf der anderen Seite hatte Apple mit dem iPhone im Jahr 2018 etwa 218 Mio. Telefone weltweit verkauft und damit selbst die Zahl von Nokia aus dem Jahr 2007 weit übertroffen.

Somit hat Apple den gesamten Mobiltelefonmarkt in zehn Jahren komplett umgekrempelt und mit dem Smartphone eine neue Standard-Produktkategorie geschaffen. Das Beispiel zeigt sehr eindrücklich, dass disruptive technologische Veränderungen in den Märkten auch ganz große und etablierte Player treffen können.

Das Beispiel Nokia war kein Einzelfall. Ich habe Ihnen drei Beispiele aus anderen Branchen mitgebracht, in denen disruptive Technologien ganze Branchen und Geschäftsmodelle komplett verändert haben. Zum einen AirBnB, das mittlerweile der größte Anbieter von Übernachtungsmöglichkeiten weltweit ist, allerdings kein einziges eigenes Hotel betreibt. AirBnB ist ein reines Plattform-Business, das Angebot und Nachfrage verbindet, nämlich private Anbieter von Wohnungen auf der einen Seite und Reisende privat oder geschäftlich, die auf der Suche nach einer Unterkunft sind, auf der anderen.

Hierfür hat AirBnB also die klassischen Markteintrittshürden im Übernachtungsbereich ganz einfach übersprungen. Sie hatten zum Start keine großen Kapitalaufwendungen für Gebäude, Grundstücke und Personal. Durch die Entwicklung der Plattform, die Angebot und Nachfrage verknüpft, haben sich die Investitionen rein auf die digitale Welt und das Marketing konzentriert. Die technologische Infrastruktur hinter AirBnB war dabei keine Raketenwissenschaft, sondern an andere digitale Marktplätze angelehnt. Dies zeigt sehr schön, dass die Gründer eine Kundenherausforderung sehr gut analysiert und dekonstruiert hatten (Nachfrage nach Übernachtungsmöglichkeiten, die authentischer und günstiger als Hotels sind und dennoch eine einfache und sichere Abwicklung bieten) und auf Basis dessen mit bestehender Technologie eine Antwort entwickelt haben.

Der zweite Bereich, der mitten in einer Disruption steckt, ist die Versicherungswirtschaft. In den USA wurde 2015 ein neues Versicherungs-Unternehmen namens Lemonade gegründet, das mittlerweile auch in Europa immer mehr Fuß fasst. Innerhalb von fünf Jahren nach Gründung hat es Lemonade geschafft, aus einem Start-up ein Versicherungsunternehmen mit Börsengang an der New York Stock Exchange zu bauen – und das in einem sehr verteilten, traditionellen und stark umkämpften Markt. Doch was unterscheidet Lemonade von bestehenden Versicherungsunternehmen? Lemonade hebt nicht die Versicherungsleistung per se in das Rampenlicht, sondern konzentriert sich auf die beste digitale Nutzererfahrung, um das Leben der Versicherten damit dauerhaft einfacher und bequemer zu machen. Durch den Einsatz von Künstlicher Intelligenz wird eine Versicherung deutlich schneller direkt über die Lemonade App abgeschlossen. Hierbei hat Lemonade nicht nur versucht, den Prozess des Abschlusses in die digitale Welt zu bringen, sondern vor allem den Prozess so zu vereinfachen (durch die Hilfe von digitalen Möglichkeiten), dass der Prozess

1.3 Auswirkungen von Digitalisierung auf Unternehmen

schneller ablaufen kann, da er schlanker geworden ist. Zudem wurde die Zeit der Regulierung von Schäden durch ein digitales Einreichen und eine verwendete Künstliche Intelligenz drastisch reduziert im Vergleich zu bisherigen Zeiten der Schadenregulierung. Bei der Meldung eines Schadens per Lemonade App überprüft eine Künstliche Intelligenz die Plausibilität und einen möglichen Betrug und entscheidet dann, ob die Schadenssumme direkt ausgezahlt wird oder ob der Schaden noch an das menschliche Team von Lemonade weitergeleitet wird. Laut eigener Aussage von Lemonade hat die schnellste aufgezeichnete Schadensabwicklung lediglich 3 s gedauert (Lemonade o. J.). Durch die Nutzung von Technologie wird somit nicht nur das Nutzererlebnis drastisch verbessert und die Zufriedenheit durch schnellere Schadensabwicklungen erhöht, sondern es entstehen auch weniger (Personal-)Kosten pro abgewickelten Schaden, was wiederum zu Kostenvorteilen bei den Versicherungspolicen führt. In Zeiten des immer stärker werdenden Fachkräftemangels ist die intelligente Nutzung von Technologie zudem eine Möglichkeit, um die Lücke bei den Fachkräften ein bisschen zu verkleinern. Zusammengefasst ist Lemonade ein Beispiel, wie durch die Nutzung vorhandener Technologie und einem radikalen Fokus auf die Vereinfachung des Prozesses und die Verbesserung des Kundenerlebnisses ein neues Angebot auf einen sehr traditionellen Markt trifft und damit bestehende Marktteilnehmer angreift. Auch hierfür war keine Raketenwissenschaften nötig, sondern lediglich ein Ansatz, der die Nutzererfahrung konsequent aus Kundensicht gestaltet und durch den Einsatz vorhandener Technologie vereinfacht.

Jetzt werden Sie sich denken, naja, das waren jetzt alles amerikanische Beispiele, gibt es denn so etwas nicht auch aus Deutschland?

Doch, gibt es auch – in ganz unterschiedlichen Branchen. Ich möchte hierfür den Bankensektor exemplarisch heranziehen. Denn im sog. FinTech-Markt, also im Markt von digitalen Finanzunternehmen entstehen in den letzten Jahren viele und spannende Neuerungen, die den bisherigen Bankenmarkt angreifen und zu großen Veränderungen führen.

Ein sehr bekanntes Beispiel in Deutschland ist die Online- und Digitalbank N26, die 2013 gegründet wurde, mittlerweile eine der größten Banken in Deutschland ist und in diversen Rankings immer wieder zur besten Onlinebank bzw. Neobank gewählt wird. Die Gründungsgeschichte von N26 verrät viel über den Ansatz der Bank und wie sich N26 von anderen, klassischen Banken durch den Einsatz von Technologie und radikalem Fokus auf das Nutzererlebnis abhebt. Die beiden Gründer kommen ursprünglich nicht aus dem Bankenbusiness, sondern hatten in Start-up-Inkubatoren gelernt, wie digitale Geschäftsmodelle funktionieren. Irgendwann hatten sie dann die Chance gesehen mit einer digitalen Kreditkarte mit Echtzeit-Tracking der Ausgaben (das war damals bei anderen Banken noch nicht etabliert) ein eigenes Start-up zu gründen. Jedoch hatten sie keine Banklizenz und diese ist auch alles andere als leicht zu erhalten. Nicht zuletzt aus diesem Grund sind die Eintrittsbarrieren in den Bankenmarkt sehr hoch. Deshalb haben sich die Gründer radikal auf die Verbesserung des Kundenerlebnisses fokussiert und zunächst mit einer anderen Bank als Dienstleister hinter der Kreditkarte zusammengearbeitet. Damit haben sie die Herausforderung der Banklizenz erstmal umgangen und sich mit ihrer App direkt an die Kundenschnittstelle gesetzt. Dadurch konnten sie anfangen, Kundendaten zu sammeln und von diesen zu lernen, d. h. welches Angebot in der App, aber auch bei den Kreditkartenleistungen (und später Banking-Leistungen) wird angenommen und welches wird nicht genutzt. Als N26 dann nach und nach größer wurde und mehr Nutzer*innen hatte, haben sie eine eigene Banklizenz beantragt und diese auch erhalten. Durch dieses Vorgehen konnten sich somit in einem Markt platzieren und etablieren, der stark reguliert ist und höchste Markteintrittsbarrieren hat. Aufgrund dieser hohen Markteintrittsbarrieren haben sich viele Banken immer darauf verlassen, dass sie durch neue, kleine Start-ups nicht angegriffen werden können. N26 und weitere Neobanken, wie z. B. die Tomorrow Bank oder Revolut zeigen sehr eindrucksvoll, dass durch den intelligenten Einsatz von Technologie und einer radikalen Fokussierung auf das Nutzererlebnis auch traditionelle Branchen, wie die Bankenbranche radikal verändert werden können.

Diese Beispiele aus unterschiedlichen Branchen veranschaulichen, wie schnell mit der Nutzung vorhandener digitaler Möglichkeiten neue Geschäftsmodelle entstehen können, die Unternehmen und Märkte komplett verändert und damit jede*n Einzelne*n fordert, Schritt zu halten mit den Veränderungen.

1.4 Erfolgsgeschichten aus der digitalen Transformation

Durch den Einblick in die genannten Beispiele von Branchen, die solche disruptiven Veränderungen erlebt haben, könnten Sie sich jetzt denken: „Nun, es waren immer Start-ups, die ganze Branchen und Märkte radikal verändert haben, wie N26 oder Airbnb." Daher möchte ich Ihnen nun Beispiele zeigen, wie auch etablierte Unternehmen erfolgreich digitalisiert wurden und vor allem den Wandel in ihrer eigenen Branche erfolgreich gestaltet haben, d. h. die Expedition der digitalen Transformation erfolgreich gestaltet haben bzw. gestalten.

Zunächst möchte ich auf den Stahlkonzern Klöckner & Co. eingehen. Klöckner ist ein traditionelles Stahlhandelsunternehmen, das seit Jahrzehnten erfolgreich am Markt agiert. Nach dem Kauf durch ein Private-Equity-Unternehmen erhielt Klöckner & Co. einen neuen Vorstand. So kam Gisbert Rühl – ehemals in

1.4 Erfolgsgeschichten aus der digitalen Transformation

der Automobilindustrie und im Consulting tätig, als Finanzvorstand 2005 in das Unternehmen. Wenige Jahre später wurde er dann CEO, als jemand, der nicht ursprünglich aus der Stahlbranche kommt. Eine seiner ersten Amtshandlungen war eine Reise ins Silicon Valley, um Inspiration zu suchen. Er wollte herausfinden, was es Neues auf dem digitalen Markt gibt, was die Start-ups an der Westküste der USA anders machen als deutsche Unternehmen, und was man davon lernen könnte.

Rühl kehrte begeistert zurück und äußerte die Notwendigkeit einer Veränderung, da er befürchtete, dass, wenn sie es nicht tun, sie von jemand anderem angegriffen und der Stahlhandel verändert werden würde. Er nahm zwei Management-Trainees und einen Digitalberater mit nach Berlin ins „betahaus", einen Start-up- und Tech-Inkubator, und mietete sich dort für sechs Monate ein. Sie begannen, völlig frei zu überlegen, wie die Zukunft von Klöckner & Co. aussehen könnte, weg vom traditionellen Stahlhandel. Dabei entstanden viele Ideen, von denen eine gezielt verfolgt wurde: eine Handelsplattform für Stahl.

Sehr vereinfacht erklärt baute Klöckner & Co. eine Plattform, die es ermöglicht, die Nachfrage nach Stahl mit dem Angebot zu vernetzen. Dies bedeutet, dass das Angebot nicht immer unbedingt von Klöckner kommen muss. Dies hat den Vorteil, dass Klöckner & Co. an der Vermittlung von Angebot und Nachfrage verdienen kann, ohne jeden Spezialstahl auf Lager haben zu müssen, was viel Kapital binden würde. Zudem können sie über die Plattform Nachfragen bedienen, die sie sonst vielleicht nicht hätten bedienen können.

Das gesamte Geschäftsmodell wurde also neu gedacht und neben dem klassischen Stahlhandel wurde eine Handelsplattform installiert. Hier drängt sich unweigerlich der Gedanke auf: „Das greift mein Kerngeschäft an, wenn ich plötzlich Kunden über meine Plattform mit anderen Stahlanbietern verbinde." Und ja, das stimmt: Das greift das Kerngeschäft an. Aber Klöckner & Co. entschied damals, dass dieses Angreifen des eigenen Kerngeschäfts die Möglichkeit ist, langfristig nicht nur Marktanteile zu erhalten, sondern auch auszubauen. Denn, durch diese Möglichkeit lassen sich Nachfrageströme besser prognostizieren, die Lagerhaltung verringert sich, das Kundenverhalten wird über digitale Daten transparenter und damit zu einem riesigen Lernfeld. Zu guter Letzt: Wenn Klöckner & Co. eine solche Plattform nicht gebaut hätte, wäre früher oder später jemand anderes auf die gleiche Idee gekommen. Denn, es handelt sich hierbei nicht um komplexes Hightech, sondern um einen digitalen Marktplatz, der in anderen Bereichen bereits existiert und daher relativ einfach übernommen werden kann. Ähnlich, wie bei den vorher genannten Start-ups war auch hier vor allem eine klare Analyse des Marktes und möglicher Veränderungen der Erfolgsfaktor –

die Innovation bestand in der smarten Kombination der Stahlbranche mit bestehenden technologischen Möglichkeiten der digitalen Welt.

Ein weiteres Beispiel, auch aus Deutschland, ist der Axel Springer-Konzern: Der Verlag, bekannt durch die Bild-Zeitung und viele andere Printmedien, kam genauso wie die gesamte Medienbranche in Schwierigkeiten, nachdem im Internet mehr und mehr kostenfreie News zur Verfügung gestellt wurden. Daher diversifizierte Axel Springer geschickt, investierte in Start-ups und schuf digitale Angebote für die existierenden Medienmarken. Damit bieten sie ihren Kunden heute ein hybrides Modell zwischen analogen Printprodukten und vielen digitalen Angeboten an. Somit konnten sie ihre Erlösströme diversifizieren und damit auch Schwankungen am Markt und der digitalen Verschiebung der Branche entgegenwirken. Axel Springer hat es damit geschafft, aus der Bedrohung sogar neue Chancen zu kreieren und sie konnten sich insgesamt mit dem Digital Business deutlich stärker aufstellen als ohne Digital Business.

Was diese beiden Beispiele gemeinsam haben, ist, dass weder Klöckner & Co. noch Springer eine bahnbrechende Technologie neu erfunden haben. Es ging um ein Digitales Mindset, das Verständnis von Veränderung, die Entscheidung, sich zu verändern, um mit dem Wandel Schritt halten zu können, und die konsequente Umsetzung.

Nachdem dieses Kapitel gezeigt hat, warum Digitalisierung so wichtig ist und welche Auswirkungen diese auf den aktuellen Wandel hat, wird es im nächsten Kapitel um die Treiber hinter der Digitalisierung gehen. Dies wird dann das Fundament für die sich daraus ergebenden Zukunftschancen – für Sie persönlich und für Ihr Unternehmen.

1.5 Zusammenfassung Kap. 1

Übersicht

- Digitalisierung ist nicht gleich Digitalisierung: Digitization, Digitalization und Digital Transformation beschreiben drei unterschiedliche Aspekte der Digitalisierung
- Durch Digitalisierung können große Kundengruppen schneller erreicht und gewonnen werden
- Digitalisierung führt zu einem großen Innovationsdruck bei Unternehmen

1.5 Zusammenfassung Kap. 1

- In den Fortune 500 ist durch Digitalisierung eine starke Fluktuation zu beobachten
- Auch traditionelle Branchen, wie Banken und Versicherungen, werden durch Digitalisierung radikal verändert
- Es gibt auch positive Beispiele von etablierten Unternehmen, die sich erfolgreich digital transformiert haben (z. B. Klöckner & Co.).

Treiber der Digitalisierung 2

2.1 Treiber der Digitalisierung und die Auswirkungen

In diesem Kapitel betrachten wir die treibenden Kräfte hinter der Digitalisierung und welche Zukunftschancen sich daraus ergeben, sowohl für Sie persönlich als auch für Unternehmen. Denn wie wir gesehen haben, ändert sich in der heutigen Zeit vieles sehr schnell. Ein Akronym, das diese Situation gut zusammenfasst, ist VUCA. Das V steht für Volatilität, was bedeutet, dass wir in einer Zeit leben, in der sich Dinge sehr schnell ändern können. Ein gutes Beispiel dafür ist die Corona-Situation im März 2020, die unser Leben von einem Tag auf den anderen verändert hat. Der zweite Buchstabe in VUCA, U, steht für Unsicherheit. Wir können die Zukunft nicht mehr vorhersagen. Wir leben in einer Zeit exponentieller technologischer Entwicklung, was es uns sehr schwer macht, vorherzusagen, welche Technologie in drei oder fünf Jahren führend sein wird und welche Jobs es dann geben wird. Das bedeutet, dass wir lernen müssen, mit dieser Unsicherheit umzugehen. Das bringt uns zum dritten Buchstaben, C (=Complexity) bzw. im Deutschen K, der für Komplexität steht. Je unsicherer die Zukunft ist und je schneller sie sich entwickelt, desto komplexer wird sie. Es ist nicht mehr nur kompliziert, sondern es gibt so viele verschiedene Faktoren, die den Wandel beschleunigen und die Welt somit komplex machen. Durch diese unterschiedlichen Faktoren, die zusammenspielen, gibt es in vielen Situationen keine klaren Ursache-Wirkungs-Prinzipien mehr, sondern es ist ein komplexes Geflecht aus verschiedenen Bedingungen, Wechselwirkungen und Zusammenhängen. Auf diese Komplexität kann deshalb auch nicht mit einem linearen Ursache-Wirkungs-Verständnis reagiert werden, sondern es ist ein iteratives und flexibles Reagieren gefordert. Das A in VUCA steht für Ambiguität. Mit

Ambiguität ist gemeint, dass wir einerseits mit bestehenden Geschäftsmodellen, Kunden und Dienstleistungen noch Geld verdienen können, andererseits uns aber verändern müssen, weil sich der Markt und die Technologie verändern. Das bedeutet, dass wir zwischen diesen beiden Polen stehen und versuchen müssen, nicht zerrissen zu werden. Es geht also um ein ständiges Aushandeln und Austarieren zwischen bestehendem Business und der Änderung und Entwicklung von neuem Business.

Die VUCA-Welt, in der wir uns gerade befinden und in der wir leben, lässt sich nicht aufhalten. Wir müssen also herausfinden, wie wir mit dieser VUCA-Welt umgehen können.

Hierzu ist es wichtig, zu verstehen, welche Treiber eigentlich hinter der VUCA-Welt stehen.

Insgesamt gibt es drei große Treiber der Veränderungen durch die VUCA-Welt.

Der erste Treiber ist die demografische Entwicklung. In Deutschland werden wir immer älter, was bedeutet, dass neue Kundengruppen entstehen. Das bietet natürlich große Chancen für Unternehmen, wenn sie es schaffen, diese neuen Kundengruppen zu erreichen und die neu entstehenden Kundenwünsche bestmöglich zu erfüllen. Ein Beispiel dafür ist die Versicherungsbranche. Durch die demografische Entwicklung und die Tatsache, dass wir immer älter werden, ändern sich die Bedürfnisse der älteren Bevölkerungsgruppe. 70-Jährige sind heute etwa viel aktiver als 70-Jährige vor 20 oder 30 Jahren, als die Lebenserwartung noch geringer war. Das bedeutet, dass diese Menschen in diesem Alter auch andere Aktivitäten haben als Senioren vor 20 oder 30 Jahren. Vielleicht möchten sie mehr reisen oder sportlich aktiv sein. Das bedeutet für Versicherungen, dass sie andere Risiken für diese Altersgruppe abdecken und spezielle Angebote für diese Altersgruppe erstellen könnten. So kann aus einem Treiber der VUCA-Welt, der demografischen Entwicklung, eine große Chance entstehen, sich als Versicherung in diesem Segment klar zu positionieren (z. B. mit speziellen Reiseversicherungen für Menschen über 70 Jahren).

Zudem verändert die demografische Entwicklung nicht nur den Absatzmarkt, wie gerade geschildert, sondern auch den Arbeitsmarkt. Der Arbeitskräfte- und Fachkräftemangel nimmt stetig zu und es wird für Unternehmen immer schwieriger die relevanten Kompetenzen für die Zukunft über die Rekrutierung von neuen Mitarbeiter*innen sicherzustellen. Damit gewinnt die interne Weiterbildung und langfristige Kompetenzentwicklung der bestehenden Mitarbeiter*innen extrem an Bedeutung und wird zum Personalbindungs-, aber auch Personalgewinnungsfaktor.

2.1 Treiber der Digitalisierung und die Auswirkungen

Der zweite große Treiber hinter den Veränderungen durch die VUCA-Welt ist der Wertewandel. Nicht erst seit der „Fridays for Future"-Protestbewegung ist ein starker Wertewandel zwischen den Generationen zu beobachten. Themen wie Regionalität, Klimaschutz, Klimawandel und Nachhaltigkeit nehmen einen immer größeren Raum ein und zeigen, wie sich Werte von Generation zu Generation verändern. Das bedeutet für Unternehmen, dass sie auf diesen Wertewandel reagieren müssen, um weiterhin die Kundengruppe und die Kundenbedürfnisse zu treffen. Auch der Wertewandel betrifft – ähnlich wie der demografische Wandel – zwei Bereiche: Zum einen müssen Unternehmen sicherstellen, dass ihre Produkte weiterhin relevant für die Kundengruppe sind, die gerade einen Wertewandel durchläuft. Zum anderen müssen sie sicherstellen, dass sie weiterhin die richtigen Bewerber*innen finden. Das funktioniert natürlich nur, wenn das Unternehmen die Werte der Kandidat*innen versteht und anspricht. Die Berücksichtigung des Wertewandels ist also sehr wichtig, um in der VUCA-Welt auf Kurs zu bleiben und Chancen für die Zukunft zu schaffen. Denn die Unternehmen, die es schaffen, sich an diesen Wertewandel anzupassen, dass sie mit den Erwartungen ihrer Zielgruppe übereinstimmen, werden langfristig erfolgreich sein.

Der dritte große Treiber hinter der VUCA-Welt ist die Digitalisierung und die Technologie. Die Nutzung von neuen Technologien verändert viele Tätigkeiten enorm und damit auch die benötigten Kompetenzen in Unternehmen. Zum Beispiel können heute schon viele repetitive Aufgaben durch Künstliche Intelligenz übernommen werden. Damit werden Freiräume bei Mitarbeiter*innen geschaffen, sich mehr auf Aufgaben zu konzentrieren, die die Wertschöpfung erhöhen, z. B. Kundenservice oder Innovationsmanagement. Unternehmen, die die Chancen der Technologien nutzen, können besser durch die VUCA-Welt navigieren und erhöhen damit ihre Chancen auf einen langfristigen Unternehmenserfolg.

Die Konstante in der VUCA-Welt hinter diesen drei großen Treibern ist der Mensch. Und wir als Menschen können aktive Gestalter der Transformation werden, nicht die Technologien und die anderen Treiber. Das bedeutet, dass wir nicht nur Konsumenten sein sollten, sondern Gestalter*innen der Digitalisierung. Denn durch diese starken Veränderungen verändert sich nicht nur, welche Technologien wir in fünf Jahren nutzen werden, sondern auch die Fähigkeiten, die wir in drei oder fünf Jahren benötigen werden.

Jetzt haben wir nur ein Problem. Wir können nicht mehr vorhersagen, welche Technologien in fünf Jahren genau genutzt werden, wie sich Geschäftsmodelle entwickeln. In einer Zeit exponentieller Entwicklung sind solche Prognosen mit großer Unsicherheit verbunden. Was wir aber tun können, ist, unser Mindset so weiterzuentwickeln, dass wir für diese Veränderungen gewappnet sind und dann situativ die richtigen Hard Skills erwerben können. Daher sind das Mindset und die Soft Skills von heute die Hard Skills von morgen. Wir sollten jetzt anfangen, an unserem Mindset zu arbeiten.

2.2 Welche Skills sind für eine erfolgreiche digitale Transformation erforderlich?

Ich möchte Ihnen nun einige Fragen stellen, um Ihren Denkprozess anzuregen und zu verdeutlichen, wie wichtig die Entwicklung von Soft Skills zu Hard Skills ist.

Beginnen wir mit einem Überblick über die Entwicklung der Kompetenzen:

Wie viel Prozent der Kernkompetenzen bestehender Jobs, glauben Sie, werden sich in den nächsten fünf Jahren verändern? Sind es 17, 31 oder 44 %?

Es sind 44 %. Das bedeutet, dass 44 % der Kernkompetenzen bestehender Jobs sich in den nächsten fünf Jahren verändern werden. Hier geht es nicht nur um Veränderungen im Allgemeinen, sondern um die Kernkompetenzen. Zudem ist in dieser Zahl die Entstehung neuer Jobs noch nicht mit eingerechnet, sondern es geht lediglich um die heute schon bestehenden Jobrollen. Das bedeutet, dass in fünf Jahren von uns allen der tägliche Job ca. zur Hälfte anders aussehen wird (World Economic Forum 2023).

Eine weitere Frage, die zum Nachdenken anregen soll:

Wie viel Prozent der Jobs werden in Zukunft Digitalkompetenzen benötigen? Laut der Europäischen Kommission benötigen 90 % aller Jobs in Zukunft Digitalkompetenzen. (Europäische Kommission 2023).

Diese Zahl zeigt sehr eindrucksvoll, dass es hierbei nicht um ein Modethema oder einen Trend geht, sondern, dass es sich bei Digitalkompetenzen um einen elementaren und nicht mehr verschwindenden Teil unserer Arbeitswelt handelt.

Beim Blick in die Unternehmen stellt sich die Frage, wie viel Prozent der deutschen Unternehmen die Qualifikation ihrer Mitarbeiter*innen für ausreichend halten, um die Veränderungen der digitalen Transformation zu bewältigen?

Eine aktuelle Studie im Mittelstand hat diese Frage beantwortet: Nur 30 % der Mittelständischen Unternehmen in Deutschland sehen ihre Belegschaft als gut gerüstet für den Umgang mit Transformation an (Mittelstand-Digital Zentrum Berlin 2023).

Diese Zahl ist gerade in Zeiten des Fachkräftemangels – der in Zukunft noch stark zunehmen wird – problematisch, da fehlende Kompetenzen nicht mehr einfach extern rekrutiert werden können, sondern der Fokus auf dem Re- und Upskilling der internen Mitarbeiter*innen liegen muss. Es wird deutlich, dass hier aktuell noch eine große Kompetenz-Lücke vorliegt.

Abschließend werfen wir einen Blick auf den Arbeitsmarkt:

Wie viel Prozent der Unternehmen in Europa haben Probleme, Mitarbeiter*innen mit passenden Kompetenzen für die Zukunft zu finden?
Sind es 24, 59 oder 77 %?

Die Antwort lautet 77 % und diese Zahl wird in den nächsten Jahren aller Voraussicht zunehmen, je größer der Fach- und Arbeitskräftemangel wird (Europäische Kommission 2023).

Diese Zahlen zeigen allesamt eindrücklich, dass es sich bei der Entwicklung von Digitalkompetenzen, um nichts weniger handelt, als die Basis für die zukünftige Beschäftigungsfähigkeit und damit auch um die individuelle und organisationale Zukunftsfähigkeit. Aktuell herrscht hier noch ein großes Potenzial, das von Mitarbeiter*innen und Unternehmen genutzt werden kann, um nicht nur die Pflichtaufgaben zu erfüllen, sondern auch frühzeitig Chancen der digitalen Welt nutzen zu können.

Im nächsten Kapitel werden wir uns genauer mit den vier Bereichen der digitalen Transformation beschäftigen und welche Zukunftschancen sich daraus für Unternehmen ergeben.

2.3 Zusammenfassung Kap. 2

Übersicht

- Wir leben in einer VUKA-Welt: Volatilität, Unsicherheit, Komplexität, Ambiguität
- Es gibt drei große Treiber hinter der VUKA-Welt: Demografische Entwicklung, Wertewandel, Digitalisierung
- Die Konstante in all dieser Veränderung? Der Mensch.
- Er wird zum aktiven Gestalter der Transformation. Nicht die Technologien.

Die vier Bereiche der digitalen Transformation 3

3.1 Die vier Bereiche der digitalen Transformation: Technologie, Prozess, Geschäftsmodell und Mindset

Die digitale Transformation besteht aus vier Hauptbereichen. Oftmals wird jedoch lediglich von drei wichtigen Bereichen der Transformation gesprochen, da diese leicht greifbar und sichtbar sind. Der erste Bereich, der in der digitalen Transformation immer erwähnt wird, ist natürlich die Technologie. Hierbei stellen sich viele Organisationen unter anderem folgende Fragen: Welche Technologien können wir heute schon nutzen? Welche Technologien werden wir in der Zukunft nutzen und welche Chancen bieten sie?

Der zweite Bereich der digitalen Transformation, der immer wieder genannt wird, ist die Prozesslandschaft. Hierbei kommt in Organisationen häufig folgende Frage auf: Wie können wir unsere Prozesse umgestalten, um sie mit der neuen Technologie, die wir nutzen, effizienter und kundenfreundlicher zu gestalten?

Und schließlich wird als dritter Bereich – und dann sind wir schon mitten in der digitalen Transformation – das Geschäftsmodell genannt. Wie kann sich das Geschäftsmodell durch die Nutzung neuer Technologien und der Veränderung von Prozessen in der digitalen Welt verändern?

Die drei häufig genannten Bereiche sind auch die drei sichtbaren Elemente der digitalen Transformation: Technologie, Prozess und Geschäftsmodell.

In jedem dieser Bereiche wird in einem Transformationsprojekt ein ähnlicher Ansatz verfolgt. Es wird zu Beginn eine Standortanalyse durchgeführt, um den aktuellen Status der Technologie, der Prozesse und des Geschäftsmodells zu bestimmen. Zudem wird ein Zielbild, d. h. ein gewünschter Zielzustand in jedem der drei Bereiche erstellt, z. B. welche Technologie soll mit welchen Prozessen in

© Der/die Autor(en), exklusiv lizenziert an Springer Fachmedien Wiesbaden GmbH, ein Teil von Springer Nature 2024
J. Knorr, *Erfolgsfaktor Digital Mindset*, essentials,
https://doi.org/10.1007/978-3-658-45979-6_3

Zukunft genutzt werden? Anschließend wird der Weg vom Status Quo zur Zielerreichung berechnet. Diese Berechnung definiert dann, welche Technologien eingeführt werden, welche Prozesse verändert werden und wie das gesamte Geschäftsmodell angepasst wird. Doch bei dieser Dreiteilung der Transformation wird ein elementarer Bereich oft übersehen, der das entscheidende Fundament der digitalen Transformation ist: Das Digitale Mindset.

Denn die beste Technologie, der beste Prozess und das beste Geschäftsmodell nützen nichts, wenn Organisationen nicht die Mitarbeiter*innen haben, die dies zukunftsfähig und erfolgversprechend umsetzen können.

Bildlich kann man hierbei vom Eisberg der Transformation sprechen. Der unsichtbare Teil des Eisbergs, also der Teil unter der Wasseroberfläche, ist das Digitale Mindset der Mitarbeiter*innen. Dieser Teil ist nicht nur das Fundament, sondern der mit Abstand größte und wichtigste Teil des Eisbergs und damit der digitalen Transformation. Der sichtbare Teil des Eisbergs, d. h. die Spitze, die aus dem Wasser ragt, beinhaltet die drei Bereiche Technologie, Prozesse, Geschäftsmodell. (vgl. Abb. 3.1).

Beim Eisberg der Transformation ist das sog. Investitionsparadoxon der Transformation sehr gut erkennbar. Für den sichtbaren Bereich des Eisbergs, der deutlich kleiner ist, als das Fundament wird enorm viel investiert. Für Technologie, Prozesse und das Geschäftsmodell wird in den allermeisten Organisationen sehr viel Zeit, Aufmerksamkeit und Geld investiert. In den unter der Oberfläche liegenden, unsichtbaren Teil des Eisbergs wird allerdings deutlich weniger investiert. Die Auflösung dieses Paradoxons führt zu enormen Entwicklungssprüngen, langfristigem Wachstum und der nachhaltigen Sicherung der Zukunftsfähigkeit.

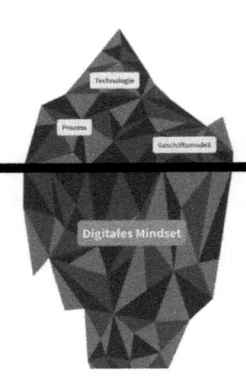

Abb. 3.1 Eisberg der Transformation

Deshalb sollten Organisationen auch im Bereich des Digitalen Mindsets als Fundament der Transformation genauso vorgehen, wie bei den drei sichtbaren Bereichen Technologie, Prozess und Geschäftsmodell. Es sollte mit einer Standortanalyse begonnen werden, dann wird ein Zielbild für das Mindset jedes Mitarbeiters und jeder Mitarbeiterin erstellt und im nächsten Schritt wird dann der Weg zum Ziel berechnet. Diese Routenberechnung zum Ziel beinhaltet die Maßnahmen und Lernangebote, um das Digitale Mindset der Mitarbeiter*innen individuell zu entwickeln. In Kap. 5 wird noch näher darauf eingegangen, wie Sie Ihr Digitales Mindset persönlich entwickeln können.

Der Bereich zwischen Standort und Zielbild kann als Workforce Transformation bezeichnet werden.

▶ Denken Sie in Zukunft, wenn Sie über digitale Transformation sprechen oder nachdenken, nicht nur an die drei sichtbaren Bereiche Technologie, Prozesse und Geschäftsmodell, sondern auch an den vierten unsichtbaren Bereich: das Digitale Mindset, das Fundament der Transformation.

3.2 Ausgangssituation für digitale Transformation

Die Ausgangssituation für die Transformation in Unternehmen ist in verschiedenen Branchen sehr unterschiedlich, dennoch gibt es einige Parallelen. Zunächst einmal muss man feststellen, dass viele Transformationen in Unternehmen nicht erfolgreich ablaufen und die Wahrscheinlichkeit eines Scheiterns sehr groß ist. Das bedeutet, dass dem Management der Transformation viel Raum gegeben werden muss, um zu verhindern, dass die Transformation während der Umsetzung scheitert.

Ein weiterer gemeinsamer Punkt ist, dass sich Märkte verändern. Wir haben bereits viel über Wandel und die VUCA-Welt gesprochen und natürlich auch über die Veränderung von Geschäftsmodellen, wie zum Beispiel durch Fintechs im Bankensektor. Durch diesen Wandel verändern sich mittel- und langfristig ganze Märkte. Um beim Beispiel der Fintechs zu bleiben: Heute möchten Kunden vielleicht lieber schnell ihren Kreditkartenumsatz auf dem Smartphone überprüfen, als auf ein möglichst vielfältiges Angebot an Finanzangeboten zuzugreifen. Das bedeutet, dass sich Märkte verändern und neue Player auf den Markt kommen. Deshalb müssen sich Unternehmen zu Beginn einer Transformation genau anschauen, wie sich der eigene Markt gerade und in Zukunft verändert. Nach dieser Bestandsanalyse und dem Fassen eines Plans starten dann die ersten Initiativen zur Veränderung in der Transformation. Hierbei herrscht in der Breite von Unternehmen immer eine gewisse Trägheit. Denn Transformation bedeutet Veränderung. Veränderung bedeutet immer das Verlassen der Komfortzone und das Verlassen der Komfortzone ist immer mit Stress und Anstrengung verbunden. Wir Menschen sind jedoch so programmiert, dass wir mit möglichst wenig Anstrengung überleben wollen. Das ist tief in unserer DNA verankert. Das heißt, jede Art von Veränderung bedeutet Stress für uns und deshalb gibt es in Unternehmen eine gewisse Trägheit, Transformationen zu starten. Deshalb ist es sehr wichtig, diese Trägheit von Anfang an zu überwinden und die Veränderung dynamisch einzuleiten.

Ein weiterer Punkt, der in allen Unternehmen und in allen Branchen immer vorhanden ist, sind unrealistische Erwartungen bzw. Erwartungen, die durch eine unzureichende Kommunikation über die Transformation geschürt werden. Denn gerade am Anfang einer Transformationsexpedition ist eine klare Kommunikation unumgänglich. Hierbei muss kommuniziert werden, warum die Transformation gemacht wird, welches Problem dabei gelöst wird und was damit langfristig erreicht wird. Vereinfacht gesagt: Warum wird es durch die Transformation besser als bisher? Denn sonst gibt es keine wirkliche Notwendigkeit, eine Transformation anzustoßen. Das Ganze sollte immer so kommuniziert werden, dass durch die Anstrengung wirklich ein Problem gelöst wird, das in der Organisation existiert. Stellen Sie sich das vor, Sie erzählen eine Geschichte aus dem Mittelalter: Welchen Drachen gilt es zu besiegen, um danach welche Prinzessin oder Königin oder König oder Prinz zu küssen? Das bedeutet, Sie brauchen immer dieses starke Narrativ, welches Problem gelöst wird und was dadurch erreicht wird. Dadurch schaffen Sie realistische Erwartungen an die bevorstehende Transformation und können die betreffenden Personen für die kommenden Veränderungen gewinnen.

Ein weiterer Punkt, den man in vielen Unternehmen bei der Transformation beobachten kann, ist, dass es für die Zukunftspläne nicht passende Organisationsformen gibt, d. h. es gibt Prozesse, die die Technologien nicht widerspiegeln. In den verschiedenen Abteilungen gibt es Prozesse, die völlig unterschiedlich strukturiert sind und in unterschiedlichen Geschwindigkeiten ablaufen. Damit diese Unterschiedlichkeit der Prozesse und die unterschiedlichen Geschwindigkeiten nicht zum Bremser der Transformation werden, sollte zuerst eine Bestandsaufnahme gemacht werden. Hierbei wird dann ersichtlich, wie die Geschwindigkeit der Arbeit in jeder Abteilung ist, wie jeder Prozess strukturiert ist und wie das Geschäftsmodell insgesamt gebaut ist. Eine interne Abstimmung und Transparenz hierzu ist dann der Startpunkt, um die Transformation ganzheitlich anzugehen.

Der nächste Punkt betrifft die IT-Infrastruktur. Selbstverständlich benötigt man für eine erfolgreiche Digitalisierung eine zukunftsfähige IT-Infrastruktur, die Möglichkeiten für Cloud-Services bietet. Sollte die Organisation eine solche Infrastruktur heute noch nicht haben, ist es elementar wichtig im Rahmen einer Status Quo Analyse zu erkennen, wo die Schwachstellen der heutigen IT-Infrastruktur sind und wie diese verbessert werden kann.

Der siebte Punkt, der immer wieder als Ausgangssituation für Transformationen beobachtet wird, sind mangelnde Planungsprozesse. Gegebenenfalls wird die Transformation-Story – also die Geschichte, warum die Organisation transformiert wird – erzählt und auch so gut kommuniziert, dass die Erwartungen in der Organisation klar und bekannt sind. Dennoch benötigt jede Transformation, trotz agiler Vorgehensweise und größtmöglicher Flexibilität, einen klaren Plan und natürlich auch Prozesse. Denn, wenn Technologie verändert wird, neu eingeführt wird, wird dahinter ein Prozess benötigt, wie diese Neuerung exakt abläuft.

Und schließlich kommt Punkt Nummer 8 und Sie haben es sich wahrscheinlich schon gedacht: Dieser Punkt ist das Digitale Mindset und ein Verständnis der Mindset-Lücke vom Status quo hin zum Zielbild. Ich hatte bereits erwähnt, dass wir nicht vorhersagen können, welche Hard Skills wir in der Zukunft brauchen werden, aber wir wissen, dass wir sie uns situativ aneignen können, wenn wir unser Mindset entwickeln. Und deshalb sollte von Anfang an bei einer Transformation auch der Fokus auf die Entwicklung des Mindsets gelegt werden. Und das ist das, was du ganz persönlich auch machen kannst, egal an welchem Punkt der Transformation sich dein Unternehmen gerade befindet.

Diese 8 Punkte stellen die Ausgangssituation zu Beginn der Transformation in Unternehmen dar und geben einen generellen Überblick zu den Handlungsfeldern für Unternehmen. (vgl. Abb. 3.2).

3.3 Herausforderungen und Wichtigkeit des Digitalen Mindset

Eine digitale Transformation hat neben den Parametern, die die Ausgangssituation definieren, verschiedene, vielschichtige Herausforderungen. Denn es reicht nicht aus, lediglich den Plan zu haben das Geschäftsmodell umzubauen, die Prozesse zu verändern und in diesem Zuge neue Technologie auszurollen.

Digitales Mindset	Marktveränderungen	Trägheit eine Transformation zu starten	Talent und Skill Gap
Unrealistische Erwartungen	Unabgestimmte Organisation mit Blick auf die Zukunft	Keine zukunftsgerichtete IT Infrastruktur	Mangelnde Planungsprozesse

Abb. 3.2 Die Ausgangssituation zum Start der Transformation

Diese Veränderungen erfordern immer auch eine andere Arbeitsweise, zum Beispiel mehr cross-funktionale und virtuelle Zusammenarbeit. Das Jahr 2020 hat durch eine schnelle und radikale Veränderung der Rahmenbedingungen (mit dem Beginn der Coronapandemie) gezeigt, wie sich die Arbeitswelt von heute auf morgen verändern kann. In Zeiten schneller Veränderung ist es für Unternehmen nicht nur relevant, die neuen Arbeitsweisen für Mitarbeiter*innen zugänglich zu machen, sondern es sollte zeitgleich im gesamten Unternehmen ein gewisses Maß an Innovations-Know-how aufgebaut werden. Das bedeutet, dass die Mitarbeiter*innen sensibilisiert werden sollten, wie Innovationen entstehen, warum Innovationen wichtig sind und warum die gesamte Transformation und Veränderung gestaltet wird. In diesem Zuge sollte auch verständlich gemacht werden, dass alle Mitarbeiter*innen im Fahrersitz der Transformation sitzen können, wenn der Fokus auf das Fundament, d. h. das Digitale Mindset, gelegt wird. Hierfür ist es dann unumgänglich, allen Mitarbeiter*innen die Möglichkeit zu geben, das Digitale Mindset ganz persönlich und individuell zu entwickeln. Denn nur so kann die Transformation erfolgreich gestaltet werden.

> Transformation geschieht nicht durch IT oder Digitalisierung. Transformation geschieht durch Menschen und die Mitarbeiter*innen, die dann das Potenzial der Organisation freisetzen und somit die Digitalisierung erfolgreich nutzen, um das Unternehmen zu verändern und langfristig zukunftsfähig zu sein.

Die Erkenntnis, dass Menschen der wichtigste Faktor in der Transformation sind, kann durch einige interessante Zahlen untermauert werden. In einer Studie des Harvard Business Review wird die Organisationskultur als zentrales Hindernis einer erfolgreichen digitalen Transformation identifiziert. Dabei spielen vor allem die menschlichen Themen und nicht die technologischen Themen die relevante Rolle. Vor allem der Widerstand gegenüber Veränderungen und die dadurch entstehende Trägheit der Organisation wird als entscheidender Faktor identifiziert (Harvard Business Review 2021).

Das World Economic Forum hat in einer weltweiten Studie mit Organisationen untersucht, was die Hauptbarrieren für eine erfolgreiche Transformation sind. Hierbei spielt zum Beispiel das zur Verfügung gestellte Investitionskapital nur eine untergeordnete Rolle, wohingegen die vorhandene Qualifikationslücke (Skills Gap) mit knapp 60 % die am häufigsten genannte Barriere ist. Gefolgt von der Unfähigkeit, neue Talente am Markt zu gewinnen (World Economic Forum 2023). Diese zwei Punkte hängen eng zusammen, da auch die Gewinnung von neuen Mitarbeitenden durch das Angebot an passenden Lernmöglichkeiten zur Erlernung von Zukunftskompetenzen stark beeinflusst wird.

Denken Sie bei diesen Zahlen wieder an die vier Bereiche der Transformation zurück. Das Mindset ist nicht sichtbar, aber das Mindset ist das Fundament und diese Zahlen zeigen das sehr eindrucksvoll.

Diese Studienergebnisse werden von vielen weiteren Studien unterstrichen und machen zwei Erkenntnisse sehr deutlich. Erstens ist das Fundament des Eisbergs, d. h. der unsichtbare Teil, für viele Unternehmen in der Transformation mittlerweile schon erkennbar. Allerdings lässt der Mangel an Fokus auf diesen Bereich darauf schließen, dass kein Erkenntnisproblem, sondern ein Umsetzungsproblem vorherrscht, wie man diesen Bereich, d. h. das Mindset, entwickeln kann.

Zweitens wird bei fortschreitendem Fachkräftemangel der Druck, im Bereich des Mindset eine Entwicklung anzustoßen, für Organisationen immer größer und nach und nach alternativlos. Denn, dies ist der einzige Weg, um mit dem Mangel an Kompetenzen überhaupt umgehen zu können.

Die genannten Zahlen geben nochmals einen sehr guten Überblick über die vier Bereiche der Transformation und deren Priorisierung: Geschäftsmodell, Technologie, Prozess und Mindset. Das Mindset ist das Fundament, auch wenn es der unsichtbare Bereich ist und schwierig zu greifen ist.

Bei der Entwicklung des Mindsets sollte genauso vorgegangen werden, wie bei der Entwicklung von Geschäftsmodell, Prozess und Technologie. Es sollte eine Standortanalyse, d. h. eine Status-Quo-Analyse, vorgenommen werden und dann ein Zielbild für das Mindset erstellt werden. Basierend auf diesen beiden Punkten kann dann ein individualisierter Entwicklungspfad für jeden Mitarbeiter und jede Mitarbeiterin gestaltet werden. Durch dieses Vorgehen wird das Fundament für eine erfolgreiche Transformation gelegt. Im nächsten Kapitel werden wir uns näher damit beschäftigen, was ein Mindset überhaupt ist, was es bedeutet, und was das Digitale damit zu tun hat.

3.4 Zusammenfassung Kap. 3

Übersicht

- Vier Bereiche digitaler Transformation: Technologie, Prozess, Geschäftsmodell, Digitales Mindset
- Digitales Mindset stellt das Fundament der digitalen Transformation dar
- Die Ausganssituation für digitale Transformation in Unternehmen ist geprägt von folgenden Punkten:
  - Marktveränderungen
  - Trägheit, eine Transformation zu starten
  - Talent und Skill Gap
  - Unrealistische Erwartungen
  - Keine zukunftsgerichtete IT-Struktur
  - Mangelnde Planungsprozesse
  - Unabgestimmte Organisation mit Blick auf die Zukunft
  - Digitales Mindset
- Herausforderungen für die digitale Transformationen:
  - Neue Art zu arbeiten implementieren
  - Innovations-Know-how aufbauen
  - Digitales Mindset entwickeln

4 Was ist das Digitale Mindset?

4.1 Einführung in das Digitale Mindset

Nachdem wir uns angesehen haben, warum das Mindset so entscheidend und erfolgskritisch ist, möchte ich Ihnen nun erläutern, was sich hinter dem Begriff „Digitales Mindset" verbirgt und wie die Begriffe *Mindset* und *Digital* zusammenpassen.

Zunächst: Was ist ein Mindset? Das Buzzword taucht in vielen Artikeln und Podcasts immer wieder auf, aber was bedeutet es genau? Zur Erläuterung möchte ich zunächst eine Unterscheidung zwischen Haltung und unveränderlichen Persönlichkeitseigenschaften treffen. Warum? Die Haltung ist relativ oberflächlich und leicht veränderbar. Sie bezieht sich auf die Einstellung zu einem Thema, einem Produkt oder einem Service. Nehmen wir an, es ist Nachmittag und ich biete Ihnen einen Espresso an. Sie würden – sofern Sie Kaffeetrinker sind – wahrscheinlich sagen: „Ja, gerne, das könnte ich jetzt gut gebrauchen." Wenn ich Sie aber mitten in der Nacht wecke und Ihnen einen Espresso anbiete, würden Sie wahrscheinlich ablehnen. Ihre Haltung zum Espresso hat sich aufgrund einer einzigen geänderten Umweltbedingung, nämlich der Zeit, komplett verändert. Ein Mindset ändert sich nicht so schnell. Es ist nichts, was sich durch ein einmaliges Erlebnis oder veränderte Rahmenbedingungen komplett verändert. Ein Mindset braucht deutlich länger, um sich zu verändern.

Doch kann man das Mindset überhaupt verändern? Ist es eine unveränderliche Persönlichkeitseigenschaft? Nein, das Mindset ist nicht unveränderlich. Es kann entwickelt werden und liegt zwischen Haltung und unveränderlichen Persönlichkeitseigenschaften. Es gehört jedoch immer noch zum Bereich der Persönlichkeitseigenschaften und kann nicht über Nacht verändert werden. Es erfordert Zeit und vor allem Kontinuität, um das Mindset nachhaltig und messbar zu verändern und zu entwickeln. Der Begriff Mindset kann mit dem Wort „Mentalität" übersetzt werden, was dem deutschen Wort für Mindset am nächsten kommt, auch wenn es keine direkte Übersetzung ist. Bei Mentalität wird schnell klar, dass sich diese nicht schnell verändern kann, sich aber über eine längere Zeit durch gewisse Einflüsse verändern kann. Denken Sie einfach mal an unterschiedliche kulturelle Mentalitäten. Wenn Sie in ein Land mit einer anderen Kultur reisen und dort eine Woche Urlaub machen, werden Sie danach nicht die Mentalität des Urlaubslandes angenommen haben. Sollten Sie jedoch in dieses andere Land auswandern und dort für zehn Jahre leben, ist die Wahrscheinlichkeit hoch, dass sich auch Ihre Mentalität langfristig verändert.

4.2   Digital und Mindset – wie gehört das zusammen?

Was bedeutet „digital" im Kontext des Mindsets? Warum hängt „digital" überhaupt mit Mindset zusammen? Geht es darum, wie ich programmieren kann oder welche Softwarekenntnisse ich habe? Nein, es geht um die „digitale" Mentalität, also um die Ausprägung von Persönlichkeitseigenschaften, die für den Umgang mit digitaler Transformation entscheidend sind. In den vorherigen Kapiteln wurde beleuchtet, was digitale Transformation ist und warum das Mindset das Fundament dafür ist. Daher wird nun klar, dass das Digitale Mindset die Persönlichkeitseigenschaften umfasst, die langfristig veränderbar und für die digitale Transformation entscheidend sind. Es geht nicht um Kenntnisse in Programmiersprachen, einer bestimmten Software oder digitalen Tools, sondern um Persönlichkeitseigenschaften. Im nächsten Kapitel wird beleuchtet, welche Dimensionen das Digitale Mindset ausmachen und wie diese mit den sog. Digitalen Typen korrelieren. Zudem wird auch untersucht, wie Sie Ihr Digitales Mindset verändern und entwickeln können.

4.3 Zusammenfassung Kap. 4

Übersicht

- „Mindset" könnte auch in etwa mit „Mentalität" übersetzt werden.
- Mindset ist keine Haltung und auch keine unveränderliche Persönlichkeitseigenschaft, sondern liegt dazwischen.
- Digitales Mindset: Ausprägung in Persönlichkeitsdimensionen, die erfolgskritisch für den Umgang mit Transformation sind. Es geht nicht um Programmiersprachen oder Softwarekenntnisse.

Dimensionen und Typen des Digitalen Mindsets 5

5.1 Überblick über die sechs Dimensionen des Digitalen Mindsets

In diesem Kapitel werden die verschiedenen Dimensionen des Digitalen Mindsets betrachtet, was genau unter den Dimensionen zu verstehen ist und insbesondere, wie die Verbindung zu den digitalen Typen hergestellt wird und wie Sie Ihr Digitales Mindset entwickeln können. Dabei wird der Mindset Canvas als Struktur genutzt, den Sie an der passenden Stelle als Schaubild finden.

Digitales Mindset bzw. eine Digitale Mentalität sind Persönlichkeitseigenschaften, die langfristig veränderbar sind und entscheidend für den Erfolg der Transformation sind. Aber welche sind das genau? Um welche Persönlichkeitseigenschaften geht es hier konkret? Anfang 2018 habe ich zum ersten Mal diese Frage im Rahmen einer wissenschaftlichen Untersuchung durch ONESTOPTRANSFORMATION genauer analysiert. Zu Beginn wurden sieben verschiedene Dimensionen identifiziert, die im Laufe der Forschung über die letzten Jahre auf sechs Dimensionen reduziert worden sind. Diese Dimensionen sind entscheidend für den Erfolg einer Transformation. Jede der nun folgenden Dimensionen des Digitalen Mindsets ist „bipolar" ausgeprägt, das bedeutet, dass jede Dimension einen Pol und einen Gegenpol besitzt. Denn es geht hierbei um Persönlichkeitseigenschaften und unsere Persönlichkeit ist zu komplex, um „Ja/Nein-Aussagen" zu treffen. Es ist unmöglich, bei der Komplexität der Persönlichkeit zu sagen, dass jemand etwa offen und agil ist oder nicht. Stattdessen gibt es zwei Pole und alle Menschen bewegen sich irgendwo dazwischen.

Der folgende Mindset Canvas kann von Ihnen genutzt werden, um kompakt auf einem

DIN-A4-Blatt eine eigene Analyse Ihres Digitalen Mindsets vorzunehmen. Skizzieren Sie sich hierfür den Mindset Canvas auf einem DIN-A4-Blatt und bearbeiten Sie nach der folgenden Kurzvorstellung der einzelnen Mindset-Dimensionen jeweils die zugehörigen Bereiche im Mindset Canvas (vgl. Abb. 5.1).

Alle sechs Dimensionen des Digital Mindset sind mit der Frage verbunden, was diese Dimension für Sie persönlich bedeutet und welche Facetten diese Dimension für Sie hat, d. h. was die jeweiligen Extrempole für Sie konkret bedeuten. Versuchen Sie möglichst konkret mit eigenen Praxisbeispielen zu arbeiten und diese zu notieren.

Offenheit und Agilität vs. Beharrlichkeit
Auf der einen Seite ist Offenheit und Agilität und auf der anderen Seite Beharrlichkeit. Zwischen diesen beiden Extrempolen liegt jeder Mensch mit seinem persönlichen Mindset, mit der eigenen Persönlichkeitsausprägung.

Für diese Dimension gibt es eine schöne und einprägsame Metapher: Stellen Sie sich bitte einen Fallschirm vor. Der Geist ist ein Fallschirm – er muss offen sein, um zu funktionieren. Genau darum geht es in dieser Dimension des Digitalen Mindsets. Es verändert sich gerade so viel auf Märkten und in Geschäftsmodellen. Wie gehen wir mit diesen Veränderungen um?

Bitte nehmen Sie nun den Mindset Canvas zur Hand und füllen Sie das Feld für Offenheit und Agilität aus.

Kundenzentriertheit vs. Aufgaben- und Organisationszentriertheit
Die zweite Dimension des Digital Mindset ist Kundenzentrierung vs. Aufgaben- und Organisationszentrierung. Die Frage hinter dieser Dimension lautet: Wo starte ich meinen Denkprozess? Beginne ich den Denkprozess bei den Kund*innen und denke dann rückwärts, wie ich die Kundenwünsche bestmöglich erfüllen kann? Oder starte ich den Denkprozess von mir und von der Organisation aus? Was habe ich als Organisation zu bieten und wie können wir das den Kund*innen schmackhaft machen? Ein gutes Beispiel dafür ist Amazon mit dem telefonischen Kundenservice, den sie einfach umgedreht haben, sodass man dort nicht mehr anruft, sondern man kann sich von Amazon anrufen lassen, wenn man eine Reklamation hat. Dadurch wird der Frustrationsmoment der Warteschlange bei der Telefonhotline abgeschaltet und die Kundenzufriedenheit steigt. Hierfür war keine technologische Raketenwissenschaft notwendig, sondern eine kundenzentrierte Betrachtungsweise dieser Kundeninteraktion.

Bitte nehmen Sie nun den Mindset Canvas zur Hand und füllen Sie das Feld für Kundenzentriertheit aus.

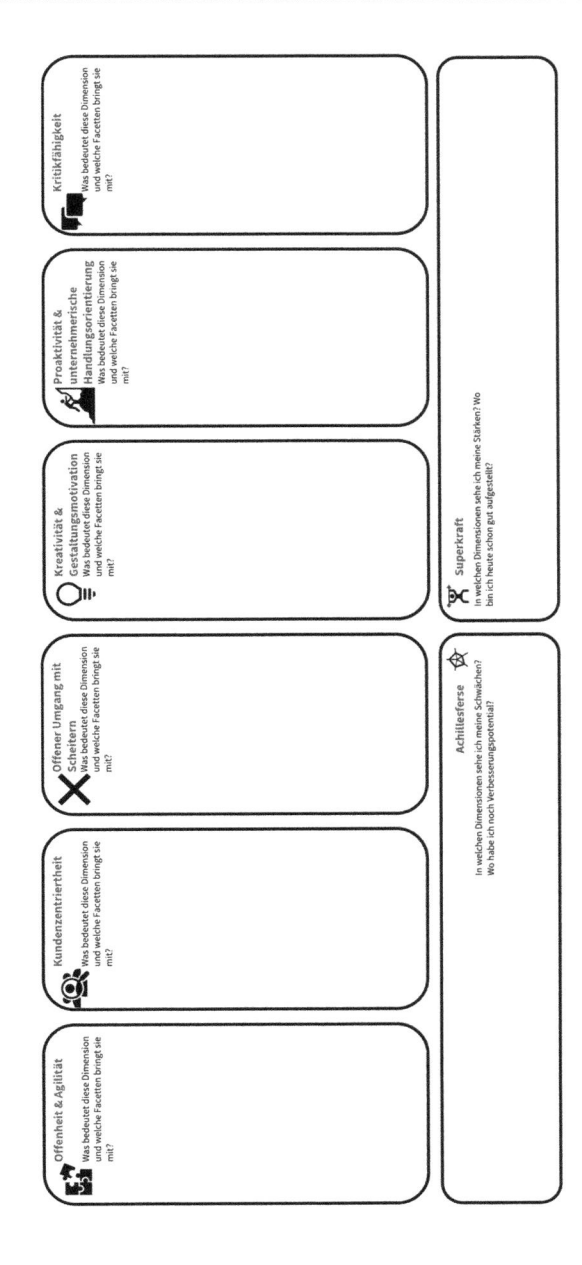

Abb. 5.1 Mindset Canvas

Offener Umgang mit Scheitern vs. Vermeidung von Misserfolg
Die nächste und dritte Dimension ist der offene Umgang mit Scheitern vs. Vermeidung von Misserfolg. Hierbei geht es um die Frage, wie mit Momenten des Scheiterns umgegangen wird. Wird überhaupt versucht das Problem hinter dem Scheitern zu verstehen? Wird versucht, die Schuld für das Scheitern jemand anderem zuzuschieben? Oder wird versucht, aus dem Scheitern zu lernen, wie in Zukunft der Fehler vermieden werden können und Verbesserungen anzustoßen?

Bitte nehmen Sie nun den Mindset Canvas zur Hand und füllen Sie das Feld für den offenen Umgang mit Scheitern aus.

Kreativität und Gestaltungsmotivation vs. Prozesstreue
Die vierte Dimension des Digitalen Mindsets betrifft Kreativität und Gestaltungsmotivation vs. Prozesstreue. Es geht um die Fähigkeit, sich kreativ neue Lösungen auszudenken, die es so noch nicht gibt, und vielleicht auch einmal, wie man so schön sagt, „out of the box" zu denken. Denn je schneller die Entwicklung in der Digitalisierung voranschreitet, desto mehr werden wir mit Situationen konfrontiert sein, die wir so noch nie erlebt haben. Deswegen müssen wir auch mehr und mehr kreative Lösungen für diese noch nie dagewesenen Situationen und Herausforderungen finden.

Bitte nehmen Sie nun den Mindset Canvas zur Hand und füllen Sie das Feld für Kreativität und Gestaltungsmotivation aus.

Proaktivität und unternehmerische Handlungsorientierung vs. Reaktivität
Die fünfte Dimension des Digitalen Mindsets dreht sich um die Proaktivität und unternehmerische Handlungsorientierung. Dahinter steckt die Leitfrage, wie man mit dem vorhandenen Wandel umgeht. Versuche ich etwa, Ideen proaktiv umzusetzen und dabei unternehmerisch zu handeln? Denke ich hierbei dann nur für mein Team oder für das gesamte Unternehmen und breche das Denken in Unternehmens-Silos auf?

Oder aber versuche ich den Zeitpunkt einer möglichen Anpassung möglichst weit nach hinten zu schieben, bis mich die Umweltbedingungen dazu zwingen? Das sehr lange Warten wäre dann ein reaktives Vorgehen.

Bitte nehmen Sie nun den Mindset Canvas zur Hand und füllen Sie das Feld für Proaktivität und unternehmerische Handlungsorientierung aus.

Kritikfähigkeit vs. Harmonieorientierung
Die sechste Dimension des Digitalen Mindsets ist Kritikfähigkeit vs. Harmonieorientierung. Dahinter steht die Frage, wie mit Kritik umgegangen wird. Kritik-

fähigkeit geht immer in zwei Richtungen. Wie gebe ich Kritik, aber auch, wie nehme ich Kritik an? Auf der anderen Seite, sorge ich dafür, dass immer alle gut gelaunt sind und dass es sehr harmonisch zugeht, oder bin ich in der Lage, auch gezielt Kritik zu äußern, weil ich damit mein Gegenüber besser machen möchte?

Bitte nehmen Sie nun den Mindset Canvas zur Hand und füllen Sie das Feld für Kritikfähigkeit aus.

Nachdem Sie nun mit Unterstützung des Mindset Canvas eine erste Reflexion Ihres eigenen Digitalen Mindsets durchgeführt haben, können Sie noch Ihre Achillesferse und Ihre Superkraft definieren. Beim Abschnitt der Achillesferse können Sie Ihre größten Entwicklungspotenziale in einer der Mindset-Dimensionen für die Transformation definieren. Bei der Superkraft können Sie definieren, in welcher der Mindset-Dimensionen Ihre Stärken liegen.

Im nächsten Teil des Kapitels werden dann die wissenschaftlichen Erkenntnisse zu den sechs Mindset-Dimensionen erläutert.

5.2 Details der sechs Dimensionen des Digitalen Mindsets

Nachdem Sie sich jetzt mit dem Mindset Canvas, mit Ihren persönlichen Ausprägungen, Ihrem Standort in Bezug auf die sechs erfolgskritischen Dimensionen des Digitalen Mindsets auseinandergesetzt haben, erhalten Sie nun einen Einblick, was hinter den Mindset-Dimensionen aus wissenschaftlicher Perspektive steht.

Offenheit und Agilität vs. Beharrlichkeit
In der Dimension *Offenheit und Agilität vs. Beharrlichkeit* geht es primär um die Frage, wie sich Menschen verhalten, wenn sie mit neuen digitalen Entwicklungsmöglichkeiten konfrontiert werden. Die zwei Pole haben entgegengesetzte Ausprägungen.

Jemand, der sehr beharrlich ist, möchte bekannte Prozesse und Routinen beibehalten und bewährte Geschäftsmodelle nicht aufgeben. Der Pol Beharrlichkeit geht einher mit einem sehr hohen Qualitätsanspruch und einer Neigung zu standardisierten Prozessen, die zuverlässig umgesetzt werden können und reproduzierbar sind.

Auf der anderen Seite kann sich jemand, der sehr offen und agil ist, für neue Geschäftsmodelle und digitale Technologien begeistern, sieht darin Chancen und kann notwendige Neuerungen in der Organisation auch initiieren und vorantreiben.

Kundenzentriertheit vs. Aufgaben- und Organisationszentriertheit
Die Dimension *Kundenzentriertheit vs. Aufgaben- und Organisationszentriertheit* dreht sich primär um die Frage, inwieweit Kund*innen in die Findung einer neuen Lösung in Unternehmen einbezogen werden.

Eine Person, die sehr aufgabenzentriert ist, denkt Produkte und Dienstleistungen aus der eigenen Organisation heraus. Das heißt, was können wir schaffen und was können wir mit den vorhandenen Ressourcen erreichen? Sie orientiert sich dabei stark an vergangenheitsbezogenen Kennzahlen und versucht dann natürlich auch, die Kund*innen von dieser neu entwickelten Lösung, zu überzeugen.

Eine Person, die sehr kundenzentriert ist, betrachtet Prozesse und Dienstleistungen aus Kundenperspektive. Kundenanforderungen werden im Vorfeld erfasst und anschließend mit der Organisation abgestimmt. Generell haben Bedürfnisse von Kund*innen Vorrang und Kundenfeedback wird ein hoher Stellenwert eingeräumt und von Anfang an in die Entwicklung eines neuen Produkts einbezogen. Diese Denkweise korreliert auch mit dem sogenannten Design Thinking, bei dem der Kunde von Anfang an in die Entwicklung einbezogen wird.

Umgang mit Scheitern vs. Vermeidung von Misserfolg
Die dritte Dimension ist offener *Umgang mit Scheitern vs. Vermeidung von Misserfolg*. Diese Dimension dreht sich um die primäre Frage, inwieweit Menschen bereit sind, Misserfolg und Scheitern anzunehmen und damit offen umzugehen.

Eine Person, die sehr risikoavers ist, das heißt, Misserfolg vermeiden möchte, scheut risikoreiche und unklare Situationen. Sie wird immer versuchen, die Schuldfrage zu klären, um auf dieser Basis eine Lösung zu finden und hat teilweise auch Angst, sich rechtfertigen zu müssen. Hier spielt auch die Unternehmenskultur eine wichtige Rolle.

Auf der anderen Seite sieht jemand, der sehr offen mit Scheitern umgeht, Rückschläge als Lernerfahrung an. Diese Person schätzt das Scheitern und sieht es als einen Weg nach vorne. Diese Personen geben immer ein klares und offenes Feedback an ihre Kolleg*innen, erwarten aber auch ein ehrliches Feedback, wenn sie selbst scheitern. Scheitern wird als erprobtes Wissenspotenzial verstanden, das heißt, ich habe etwas ausprobiert, ich habe daraus gelernt. Anschließend kann ich weitermachen und weiterlernen und mich so einer besseren Lösung nähern.

Kreativität und Gestaltungsmotivation vs. Prozesstreue
Die vierte Dimension, *Kreativität und Gestaltungsmotivation vs. Prozesstreue*, dreht sich primär um die Frage, wie notwendige Veränderungen wahrgenommen werden und sinnvolle Neuerungen initiiert werden.

Eine Person, die sehr prozesstreu ist, das heißt, sehr auf die bestehenden Prozesse achtet, hat ein sehr hohes Qualitätsmanagementbewusstsein, eine hohe Exzellenz in der Bearbeitung von bestehenden Aufgaben und versucht immer, Risiken zu minimieren. Sie betrachtet Neuerungen sehr kritisch, um zu sehen, inwieweit eine Neuerung wirklich eine Bereicherung für die Organisation ist und ob es wirklich eine kreative Lösung ist. Hier wird deutlich, dass die einzelnen Dimensionen zwar klar voneinander abgegrenzt sind, aber dennoch Elemente enthalten, die natürlich auch die anderen Dimensionen beeinflussen.

Eine Person hingegen, die sehr kreativ ist, hat eine hohe Motivation, neue Lösungen zu denken und zu entwickeln. Sie versucht immer, neue Elemente sinnvoll zu integrieren, um damit neue Lösungen zu schaffen.

Proaktivität und unternehmerische Handlungsorientierung vs. Reaktivität
Die fünfte Dimension ist die Dimension der *Proaktivität und unternehmerische Handlungsorientierung vs. Reaktivität.* Hierbei geht es um die Frage, mit welcher Motivation Menschen die Unternehmung im Blick auf den Gesamtkontext der Organisation vorantreiben.

Das heißt, jemand der sehr reaktiv ist, arbeitet nach dem Mantra „Never change a running system". Wenn etwas funktioniert, sollten wir jetzt nichts ändern, sondern warten, bis wir gezwungen sind, uns anzupassen. Bis dahin rühren wir das bestehende, funktionierende System nicht an. Dadurch kann eine sehr hohe Effizienz entstehen, da klare Vorgaben vorhanden sind und ein klarer, output-orientierter Prozess etabliert worden ist.

Wohingegen jemand, der sehr proaktiv ist und unternehmerisch handlungsorientiert agiert, Neuerungen auch gegen Widerstände in der eigenen Organisation durchsetzen wird. Zudem hält er oder sie nichts von einem KPI-Denken und versucht, dieses zu überwinden und somit auch Silos aufzubrechen. Jedoch darf jemand, der sehr proaktiv ist, keinem blinden Aktionismus verfallen. Das bedeutet, dass er oder sie dennoch mit Augenmaß vorgehen sollte, um die Organisation langfristig zu verbessern.

Kritikfähigkeit vs. Harmonieorientierung
Die sechste Dimension des Digitalen Mindsets ist *Kritikfähigkeit vs. Harmonieorientierung.* Hierbei geht es darum, inwieweit Menschen ihr eigenes und fremdes Handeln kritisch betrachten können, um damit konstruktiv Optimierungen zu initiieren. Das heißt, es geht immer in zwei Richtungen: Kritik üben und Kritik annehmen.

Jemand, der sehr harmonieorientiert ist, versucht Meinungsverschiedenheiten bestmöglich auszublenden, damit dort nichts hochkocht und versucht auch,

Widerstände und Skeptiker zu vermeiden und Lösungen nach dem kleinsten gemeinsamen Nenner in einer Gruppe zu finden. Auf der anderen Seite geben Personen, die sehr kritikfähig sind, konstruktive Kritik und sehen das Geben von Kritik auch als etwas sehr Positives an. Denn, damit signalisieren sie dem Gegenüber: Ich schätze dich, weil ich dich durch meine Kritik besser machen will. Gleichzeitig nehmen kritikfähige Menschen Kritik sehr offen an und lassen diese auch zu und sehen in der Kritik eine Chance, sich selbst weiterzuentwickeln.

Bei allen Mindset-Dimensionen gibt es keine richtige oder falsche Ausprägung, sondern nur eine persönliche Ausprägung und je nach Position im Unternehmen sind unterschiedliche Mindset-Ausprägungen gefragt und erfolgversprechend. Jemand im Controlling sollte eine andere Beharrlichkeit mitbringen, als jemand im Innovationsbereich, der dafür deutlich offener und agiler und kreativer denken sollte. Das heißt, es gibt kein richtig oder falsch beim Digitalen Mindset, kein gut oder schlecht, sondern es gibt nur eine objektive Analyse und dann müssen die Umweltbedingungen betrachtet werden, die Rolle angeschaut werden und ein klares Zielbild definiert werden.

5.3 Die Digitalen Typen

Im letzten Schritt betrachten wir nun die sog. Digitalen Typen und wie die Dimensionen des Digitalen Mindsets mit den digitalen Typen zusammenhängen. Denn mit den vorgestellten Dimensionen des Digitalen Mindsets, gibt es eine schier unendlich große Zahl an unterschiedlichen Mindset-Ausprägungen, die bei Mitarbeiterinnen und Mitarbeitern von Unternehmen gemessen werden können. Damit das Ergebnis der Messung von den Mitarbeiter*innen möglichst einfach verstanden wird und möglichst leicht darüber kommuniziert werden kann, gibt es neben den sechs Dimensionen, vier Digitale Typen, die die verschiedenen Ausprägungen in den Dimensionen zusammenfassen. Jedoch geht es bei den digitalen Typen nicht um Schubladendenken, d. h. es werden keine Schubladen aufgemacht und Mindsets strikt kategorisiert. Vielmehr wird über die Dimensionen die Ausprägung in den vier Digitalen Typen berechnet. Die vier Digitalen Typen haben alle Stärken und Werte für das System und die Organisation. Das heißt, es gibt keinen Typ, der besser oder schlechter ist.

Die Digitalen Typen sind *Digitaler Hinterfrager, Digitaler Befürworter, Digitaler Nerd* und *Digitaler Brückenbauer.* Was charakterisiert die einzelnen Typen?

Der *Digitale Hinterfrager* ist jemand, der Neuerungen zunächst sehr kritisch hinterfragt und verstehen möchte, warum diese Neuerung eine Verbesserung für das System mit sich bringt. Dieser Typ hat das bestehende Business stark im Blick und möchte bei Neuerungen immer wissen, inwieweit diese Neuerung das bestehende Business verbessert.

Der *Digitale Befürworter* hingegen ist da schon etwas offener und zieht bei Veränderungen mit, wenn er einen Proof of Concept gesehen hat. Somit ist der Digitale Befürworter ein ganz starker Meinungsbildner in Unternehmen, denn die Kolleg*innen können sich darauf verlassen, wenn der Digitale Befürworter bei einer Neuerung mitzieht. Damit wissen sie dann, dass es sich um eine Lösung handelt, die schon einen Proof of Concept hat und wirklich solide ist.

Der *Digitale Nerd* hingegen ist jemand, der sehr aufgeschlossen gegenüber Neuerungen ist, der Dinge gerne mal ausprobiert und wieder verwirft. Hierbei verliert er zum Teil auch das Business aus den Augen. Aber er probiert einfach weiter aus, reizt Grenzen aus, was denn technologisch und vor allem transformatorisch möglich ist. Hier geht es nicht darum, dass der Digitale Nerd, derjenige ist, den manche vielleicht vor Augen haben: Jemand, der den ganzen Tag programmiert und neue Codes schreibt. Es geht vielmehr um jemanden, der sehr proaktiv ist, neue Dinge häufig ausprobiert und sehr offen mit Scheitern umgeht.

Der *Digitale Brückenbauer* – das ist nur bildlich und nicht hierarchisch gemeint – schafft es, Brücken für die anderen Typen zu bauen. Das heißt, er spricht die organisatorische Sprache des Digitalen Nerds, des Digitalen Befürworters und aber auch des Digitalen Hinterfragers. Damit kann er zwischen den Typen vermitteln und tritt als Mediator auf. Dadurch schafft es der Digitale Brückenbauer aus den unterschiedlichen digitalen Typen ein Team zu formen.

Ein Team in der Transformation funktioniert dann am besten, wenn es divers zusammengestellt ist. Das heißt, unterschiedliche Digitale Typen arbeiten zusammen, weil jede*r andere Stärken und Werte für das System hat und die Kombination dieser Stärken und Werte erst richtig erfolgreich macht.

5.4 Entwicklung des Digitalen Mindsets

Zusammenfassend lässt sich sagen, dass das Mindset wichtiger ist als die Technologie und dass das Mindset die Grundlage einer erfolgreichen Transformation ist. Doch wie können Sie persönlich Ihr Digitales Mindset entwickeln, um in Zukunft langfristig erfolgreich zu sein und Ihre eigene Beschäftigungsfähigkeit nicht nur zu erhalten, sondern auszubauen? Unternehmen sind heute schon dringend auf der Suche (und werden es in Zukunft noch viel mehr werden) nach Menschen, die Ihr Digitales Mindset entwickeln, um das Unternehmen so zu unterstützen, dass Geschäftsmodelle, Prozesse und Technologien zukunftsfähig aufgestellt werden. Digitales Mindset ist hierbei keine Haltung, sondern es geht um Mentalität, also um eine Persönlichkeitseigenschaft, die langfristig entwickelt werden kann. Das bedeutet aber auch, dass sich das Mindset nicht von heute auf morgen entwickeln kann, sondern dass es hierfür ganz viele und langfristige Lernpläne benötigt. Das bedeutet, dass es nichts nützt, einmal einen Mindset-Workshop zu besuchen, wenn man nicht kontinuierlich lernt. Hierfür wird ein sog. Micro-Learning-Ansatz benötigt, als ein Lernansatz, der kontinuierlich – am besten täglich – mit Impulsen versorgt und immer wieder anregt, kritisch über das eigene Mindset nachzudenken. Damit eine nachhaltige Integration der Lerninhalte gelingt, sollten diese möglichst kurz sein. Nur so können die Lerninhalte dauerhaft in den eigenen Tagesablauf integriert werden. Die Länge sollte 15 min pro Einheit nicht übersteigen und im Idealfall deutlich kürzer sein. Insgesamt dauert es etwa neun bis zwölf Monate Entwicklungszeit, um einen wirklich messbaren Unterschied im Mindset wahrzunehmen. Auch sollte dieses Micro-Learning nicht immer das gleiche Content-Format sein, also nicht immer die gleichen Inhaltsformate haben. Ein guter Mix mit visuellen Inputs über Videos, mit Texten, mit Audio-Formaten erlaubt eine ideale Integration in den Alltag und ermutigt langfristig an der Entwicklung dranzubleiben. Die unterschiedlichen Content-Formate geben immer wieder unterschiedliche Reize, die der Geist anders aufnimmt und verarbeitet. Zudem sollte nach Impulsen immer wieder eine Reflexion stehen, um den neuen Inhalt direkt auf die eigene Situation zu übertragen.

Beim Mindset gibt es kein richtig oder falsch, sondern der Lernprozess setzt durch den Transfer in die eigene Lebensrealität, in die eigene Umwelt ein. Das heißt, man erhält einen Impuls zum Beispiel zur Mindset-Dimension Offenheit und Agilität und danach sollte eine Reflexion anschließen, um zu verstehen, was dieser Impuls für die eigene Situation und Umwelt bedeutet. Dadurch wird ein Denkprozess angestoßen, der entscheidend für die Mindset-Entwicklung ist und die Basis für ein lebenslanges Lernen setzt. Diese kontinuierliche Mindset-Entwicklung führt dann dazu, sich situativ in der Zukunft die richtigen Hardskills anzueignen, d. h. die Beherrschung der Technologien und Methoden der Zukunft. Weiterführende Hinweise und Angebote dazu finden Sie auf www.onestoptransformation.com.

In den letzten Kapiteln wurde beleuchtet, warum Digitales Mindset relevant ist, warum sich gerade so viel verändert und welche Auswirkungen dies auf

Unternehmen, aber auch auf Personen hat und wie Sie ganz persönlich darauf reagieren können: Mit einer nachhaltigen Mindset-Entwicklung und somit einem nachhaltigen Fitwerden für die Zukunft, inmitten der VUCA-Welt und der digitalen Transformation. Wenn Sie abschließend aus diesem Buch nur eine einzige Sache mitnehmen, dann sollte es bitte folgende Aussage sein: Das Digitale Mindset ist wichtiger als die Technologie!

5.5 Zusammenfassung Kap. 5

Übersicht

- Die sechs Dimensionen des Digitalen Mindsets:
  1 Offenheit und Agilität vs. Beharrlichkeit
  2 Kritikfähigkeit vs. Harmonieorientierung
  3 Kreativität und Gestaltungsmotivation vs. Prozesstreue
  4 Offener Umgang mit Scheitern vs. Vermeidung von Misserfolg
  5 Kundenzentriertheit vs. Aufgaben- und Organisationszentriertheit
  6 Proaktivität und unternehmerische Handlungsorientierung vs. Reaktivität
  Jede Dimension ist bipolar ausgeprägt, d. h. es gibt zwei verschiedene Ausprägungspole und die eigene Mindset-Ausprägung liegt zwischen den beiden Polen
  Es gibt keine wichtigen und unwichtigen Dimensionen des Digitalen Mindsets, alle Dimensionen sind gleich wichtig
- Die vier Digitalen Typen:
  1 Digitaler Hinterfrager
  2 Digitaler Befürworter
  3 Digitaler Brückenbauer
  4 Digitaler Nerd
  Jeder Digitale Typ hat Stärken und Werte für das System, somit gibt es keine guten oder schlechten Digitalen Typen

Was Sie aus diesem *essential* mitnehmen können

- Verständnis, warum ein Digitales Mindset in der Transformation relevant ist
- Überblick, was ein Digitales Mindset ist und welche Dimensionen ein Digitales Mindset definieren
- Impulse zur Entwicklung des eigenen Digitalen Mindsets
- Verständnis der Beziehung zwischen Mensch und Technologie in der digitalen Transformation
- Verbindung von wissenschaftlicher Theorie mit Knowhow aus der Praxis

Literatur

Bundesministerium für Wirtschaft und Klimaschutz o. J. Was ist Digitalisierung? https://www.de.digital/DIGITAL/Navigation/DE/Lagebild/Was-ist-Digitalisierung/was-ist-digitalisierung.html. Letzter Zugriff: 21.06.2024.

Europäische Kommission 2023. European Year of Skills. https://year-of-skills.europa.eu/plugging-digital-skills-gap_en?prefLang=ro. Letzter Zugriff: 21.06.2024. Harvard Business Review 2021.

Lemonade o. J. Das Geheimnis hinter der Schadenszahlung. https://www.lemonade.com/de/schadensabwicklung. Letzter Zugriff: 21.06.2024.

Mittelstand-Digital Zentrum Berlin 2023. Transformation und Zukunftskompetenzen im deutschen Mittelstand. https://digitalzentrum-berlin.de/neue-studie-veroeffentlicht-transformation-und-zukunftskompetenzen-im-deutschen-mittelstand. Letzter Zugriff: 21.06.2024.

Perry, M. J. 2021. Only 52 US Companies Have Been on the Fortune 500 Since 1955, Thanks to the 'creative Destruction' That Fuels Economic Prosperity. https://www.aei.org/carpe-diem/only-52-us-companies-have-been-on-the-fortune-500-since-1955-thanks-to-the-creative-destruction-that-fuels-economic-prosperity-2/. Letzter Zugriff: 21.06.2024.

World Economic Forum 2023. Future of Jobs Report 2023, Insight Report. https://www.weforum.org/reports/the-future-ofjobs-report-2023/. Letzter Zugriff: 21.06.2024.

Milton Keynes UK
Ingram Content Group UK Ltd.
UKHW022135251124
451529UK00013B/870

9 783658 459789